Inge Wolff

Der Knigge-Coach

Inge Wolff

„Was geht?!"

Dein Knigge-Ratgeber

Inhalt

Benimm ist in
– und noch viel mehr!

Der Slogan „Benimm ist in" hat einen Vorteil: Er reimt sich super. Doch der Nachteil ist: Das Wort „Benimm" klingt sehr altmodisch. Außerdem weckt es schnell Assoziationen zu „Drill" oder gar „andressiertes Benehmen". Den Satz: „Kind, benimm dich!" wirst du kennen und ihn vermutlich wenig witzig, wenn nicht gar nervig finden. Und du fragst dich vielleicht, was das mit diesem ganzen Benimm-Kram und Knigge-Getue eigentlich soll, was wirklich dahintersteckt, wozu es gut sein könnte. Und, ob so manches, was die Eltern oder Großeltern unter „gutem Benehmen" oder „höflich" verstehen, überhaupt noch in unsere Zeit passt.

Solche Überlegungen stehen dir nicht nur zu. Sie sind darüber hinaus lobenswert (!) und lohnend. Der Grund: Wenn du Begriffe und Inhalte hinterfragst, wirst du die wahre Bedeutung des Themas „guter Umgang miteinander" erkennen und kannst deine Entscheidung für oder gegen bestimmte Verhaltensformen treffen.

Du kannst dich frei entscheiden!

Es wäre eine glatte Lüge, wenn dir jemand verklickern wollte: „Du musst dich an ‚Benimm-Regeln' halten." Du hast das gleiche Recht wie Erwachsene, dich dafür oder dagegen zu entscheiden. Das „Muss" steht an etwas anderer Stelle: Wer sich nicht an bestimmte Richtlinien hält, muss die Konsequenzen tragen, die deswegen für ihn entstehen – das ist in jedem Alter so. Solche Auswirkungen können harmlos sein, aber auch stark störend oder sogar eine ernste Gefahr für eine Beziehung oder das berufliche Fortkommen sein. Das ist vergleichbar mit deiner Entscheidung, beispielsweise in der Schule eine Arbeit einfach nicht abzugeben. Bist du in dem Fach sonst gut, wird sich die zwingend folgende Sechs nur wenig auf deine Zeugnisnote auswirken. Stehst du jedoch „auf der Kippe" zwischen einer Vier und einer Fünf, hat dein Entschluss schon einen sehr viel negativeren Effekt. Und falls du auch in anderen Fächern mit schlechten Zensuren rechnen musst, kann deine Entscheidung im schlimmsten Fall eine „Ehrenrunde" nach sich ziehen.

Deine freie Entscheidung ist auch noch aus einem anderen Grund gefragt:
Bei modernen Umgangsformen-Regeln ist es nicht nur erwünscht, dass du dich für oder gegen eine bestimmte Form entscheidest, sondern sogar notwendig. Und das hat mehrere Gründe.

Erster Grund:
Das „Etikette-Korsett" hat ausgedient
Ehemals von Höflingen ausgedacht und in ein strenges Zeremoniell gefasst, beschränkte sich die Etikette auf die höfische Gesellschaft. Das „gewöhnliche Volk" hatte damit nicht nur keinen Deut zu tun. Es war ihm teilweise sogar bei Strafandrohung verboten, höfische Gepflogenheiten zu übernehmen. Damals waren die Etikette-Regeln also nur für eine bestimmte kleine Gruppe von privilegierten Menschen gemacht – und diese wollten damit die einfachen Leute ausgrenzen!

Zeitgemäße Umgangsformen sollen genau das Gegenteil bewirken. Sie helfen, dass Menschen unterschiedlichster Gruppen, Völker und Kulturen so reibungslos und angenehm wie möglich miteinander auskommen können. Statt Ausgrenzung sind Integration und ein friedliches Miteinander das Ziel. Außerdem sind Umgangsformen heute für den „ganz normalen Alltag" wichtig und nicht nur für „Königsfeste" oder einen Hofstaat. Deshalb müssen sie viel variabler sein als die festgeschriebene Etikette vergangener Jahrhunderte.

Zweiter Grund:
Menschen sind keine Roboter

So manch einer vergisst es zwar oder will es nicht wahr haben, doch es bleibt Tatsache: Der Mensch ist ein gefühlsbetontes Wesen. Deshalb findet Kommunikation nie nur auf der rationalen, sondern immer auch – und zwar zum größten Teil! – auf der emotionalen Ebene statt. Bitte betrachte in diesem Zusammenhang das Wort „Umgangsform" einmal von hinten nach vorn: Die Form, wie jemand mit dir umgeht – seine Umgangsform mit dir also – erweckt immer irgendein Empfinden in dir. Das kann Freude sein oder Frust, Heiterkeit oder Ärger, Glück oder Traurigkeit, Sympathie oder Aversion – kurz: ein angenehmes oder ein unangenehmes Gefühl. Und ist Letzteres der Fall, dann bist du zumindest sauer und reagierst entsprechend.

Natürlich ist das umgekehrt genauso: Fühlt sich jemand mies oder unhöflich von dir behandelt, läuft's nicht gut zwischen euch. Deshalb ist es zum einen wichtig, den Begriff „Höflichkeit" richtig zu interpretieren. Sie hat nichts mit „sich einschleimen" oder gar lügen zu tun, kann nicht auswendig gelernt werden wie ein Gedicht, soll weder kalt noch aufgesetzt wirken und keinesfalls als Mittel zum Zweck gebraucht werden. Höflichkeit richtig verstehen bedeutet: anderen Menschen gegenüber rücksichtsvoll und hilfsbereit zu sein, ihnen mit ehrlicher Wertschätzung zu begegnen und auf ihre Verschiedenartigkeit einzugehen, Toleranz und Akzeptanz zu zeigen.

Es geht also um eine innere Haltung den Mitmenschen gegenüber: Ich bin bereit, mich in dich hineinzuversetzen und dir Achtung sowie Aufmerksamkeit zu schenken. Zum anderen

gehört es heute dazu, die jeweils angebrachte Spielregel für das
gerade stattfindende „Umgangsspiel" zu kennen und die richtige
Entscheidung zu treffen. Denn im „Spiel des Lebens" ist es
nicht anders als im Mannschaftssport oder bei Gesellschaftsspielen. Nur, wenn sich alle Mitspielenden an die jeweils
gültigen Spielregeln halten, funktioniert das Zusammenspiel –
also auch das Zusammenleben – reibungslos.

Dritter Grund:
Neuigkeiten am laufenden Band

So, wie sich Lebensformen ständig wandeln, ändern sich auch
die Spielregeln des Umgangs miteinander. Das ist so alt wie die
Welt. Neu ist jedoch das rasante Tempo, in dem sich nicht nur
unsere Lebensumstände, sondern mit ihnen auch die Umgangsformen geändert haben. Ein Grund dafür ist die veränderte
Stellung der Frau in der Gesellschaft. Die überlieferten Regeln
stammen aus einer Zeit, in der Frauen keinen eigenen gesellschaftlichen Status hatten – sie bekamen bei Heirat automatisch
den des Mannes „zuerkannt" – und in der sie kaum beziehungsweise gar nicht berufstätig waren. Dass ein darauf abgestimmtes
„Regelwerk" heute nicht mehr praktikabel ist, liegt auf der
Hand. Ebenso nachvollziehbar wird dir Folgendes sein: Wenn
ein Mensch noch nach den alten Traditionen erzogen wurde,
kann er Schwierigkeiten damit haben, sich auf moderne Formen
umzustellen. Etwas, das jahrzehntelang praktiziert wurde, ist
vertraut und gibt Sicherheit. Es wäre deshalb eine Frechheit,
von Seniorinnen und Senioren zu verlangen, dass sie die altge-
wohnten Umgangsformen ablegen und sich modernen Sitten
anpassen sollen. Ebenso falsch wäre es aber auch, von Jugendlichen in deinem Alter zu fordern, die „alten Zöpfe" der
Manieren des letzten Jahrtausends weiter zu tragen. Rücksichtsvoll und klug ist deshalb in der heutigen Zeit der Mensch – und
zwar in jedem Alter! –, der die Entscheidung für die jeweilige
Spielregel des Umgangs nach den folgenden Kriterien trifft:

1. Wer sind meine „Mitspielenden"?
   (personengerecht entscheiden):

> Sind es wesentlich ältere, jüngere oder etwa gleichaltrige
  Personen,
> Fremde oder Bekannte, Verwandte oder eng Befreundete,
> Gäste oder Gastgebende,
> Lehrerinnen und Lehrer, später im Beruf Vorgesetzte,
  Kolleginnen und Kollegen oder Mitarbeitende?

2. Auf welchem „Spielfeld" stehe ich gerade?
   (situationsgerecht entscheiden):

> Bin ich im privaten Bereich?
> Bin ich in der Schule, später im beruflichen Umfeld, am
  Arbeitsplatz?

3. Bei welchem „Spielanlass" befinde ich mich?
   (ereignisgerecht entscheiden):

> Nehme ich an einer offiziellen Veranstaltung teil?
  (Beispiele: größeres Familienfest wie Hochzeit, runder
  Geburtstag von Erwachsenen, Empfang, Ball, Schulfest,
  Geschäftsjubiläum)
> Befinde ich mich bei einem informellen Anlass?
  (Beispiele: Disco, Volksfest, Kirmes, Party im
  Freundeskreis, Tanzstunde)

Grüßen und Begrüßen

– so geht's dir flott von der Hand

Die oft gestellten Fragen: „Wer grüßt wen?" „Wer reicht wem die Hand?" „Wer wird als Erster begrüßt?" und ähnliche kannst du leicht beantworten, wenn du die Punkte „Spielfeld" und „Mitspielende" im Auge behältst und zusätzlich die „Kronenstory" kennst. „Also doch wieder alte Zeiten und höfische Sitten?!?" argwöhnst du jetzt vielleicht. Nein, keine Bange. Das Symbol der Krone steht für einen „Zusatzbonus", der bestimmten Personen über das allen Menschen entgegengebrachte Maß an Wertschätzung hinaus zuerkannt wird. Und das Tolle dabei ist: Auch du hast gute Chancen, „gekrönt" zu werden! Der Grund: Je nach „Mitspielenden" und „Spielfeld" wird die Krone unterschiedlich vergeben. Man könnte auch sagen: Sie wird nur ausgeliehen und in bestimmten Situationen an eine andere Person weitergegeben.

So findest du heraus, wer die Krone trägt

Auf dem privaten „Spielfeld" sind die vorrangigen Kriterien für die „Kronenvergabe" Alter und Geschlecht. Das bedeutet: Dort bekommt die Krone

> eine wesentlich ältere Person,
> eine Frau (sie kann sich die Krone auch mit dem Mann teilen, beispielsweise beim Grüßen auf der Straße, indem sie zuerst grüßt).

Auf dem beruflichen „Spielfeld", zu dem auch die Schule gehört, wird in erster Linie nach der Hierarchie entschieden. Dort geht die Krone an:

> in der Firmen- oder Schulhierarchie übergeordnete Personen (nur bei hierarchischer Ranggleichheit gelten die privaten Kriterien),
> Kundinnen und Kunden (sofern eine „Sonderkrone" (→ nächster Punkt) dies nicht ändert).

Auf beiden „Spielfeldern" gelten „Sonderkronen" beim Grüßen und Begrüßen. Diese haben

> Gastgeberinnen und Gastgeber (sie reichen beim Begrüßen immer als Erste die Hand),
> eine Gruppe, wenn jemand hinzukommt (die Gruppe wird als Erste gegrüßt),
> Anwesende in einem Raum, wenn jemand eintritt (sie werden zuerst gegrüßt).

Grüßen und Begrüßen
ist Zweierlei!

Um den „Zusatzbonus" zu verstehen, den „Gekrönte" bekommen, ist es wichtig, diesen Unterschied zu kennen: Zum Grüßen gehören alle berührungslosen Kontaktaufnahmen wie ein „Hallo" oder „Guten Tag" im Vorbeigehen, ein Winken. Begrüßen hingegen ist mit einer Berührung verbunden wie dem Händedruck, einer Umarmung, der „Bussi-Bussi-Arie" (Küsschen rechts-links) oder einem Handkuss. Deshalb drückt sich der „Zusatzbonus" in zwei unterschiedlichen Privilegien aus: Kronentragende haben das Anrecht, von anderen als Erste gegrüßt zu werden. Bei einer Begrüßung liegt das Recht der Entscheidung, ob sie angefasst werden möchten, bei ihnen.

Ein konkretes Beispiel für diesen Unterschied: In der Schule sind alle Erwachsenen die Kronentragenden. Du verhältst dich also super, wenn du zuerst beispielsweise eine Lehrerin grüßt –

vorausgesetzt, sie nimmt Blickkontakt mit dir auf. Mit zum Gruß ausgestreckter Hand auf sie zuzustürmen, verkneifst du dir hingegen besser. Die Initiative zum Händedruck bleibt ihr überlassen und wenn sie ihn wünscht, signalisiert sie dies durch das Reichen der Hand – und zwar als Erste.

Checkliste
der wichtigsten Spielregeln beim Grüßen und Begrüßen

☺ Ein Gruß ist ein Zeichen der Wertschätzung für andere Menschen weil er ausdrückt: Ich nehme dich wahr.

☺ Im Privatleben grüßen deutlich jüngere Menschen die viel älteren zuerst und zumindest unter relativ wenig Bekannten grüßt ein Mann eine Frau.

☺ In der Schule und im Beruf werden hierarchisch übergeordnete Personen als Erste gegrüßt.

☺ Eine Gruppe wird von Hinzukommenden und Anwesende in einem Raum werden von Eintretenden gegrüßt, ganz gleich, auf welchem „Spielfeld" und wer die „Mitspielenden" sind.

☺ Eine geschlossene Tür ist eine Grenze, die erst nach dem Anklopfen passiert wird.

☺ Beim Grüßen und Begrüßen haben Hände nichts in den (Hosen-)Taschen verloren. Das gilt auch beim Bekanntmachen beziehungsweise Vorstellen. Und bitte Vorsicht: Ältere Menschen empfinden diese

Geste nicht nur als unhöflich, sondern sogar als respektlos – und zwar auch in einem Gespräch!

☺ Blickkontakt und ein Lächeln sollen Gruß wie Begrüßung begleiten.

☺ Ein lockeres „Hallo" sollte bei fremden Erwachsenen besser mit einem traditionellen Tagesgruß wie „Guten Morgen" ersetzt werden. Hauptsächlich betagte Menschen mögen das „Hallo" meist nicht und finden es nachlässig. Verwenden Erwachsene es selbst, ist es natürlich völlig in Ordnung, wenn du auch „Hallo" sagst.

☺ Die Wahl der Begrüßungsform hängt vom Vertrautheitsgrad zwischen Menschen ab. Umarmungen sind unter relativ Fremden unangebracht. Der Handschlag ist dann die beste Wahl.

☺ Die Initiative dazu geht im privaten Bereich von der deutlich älteren Person oder der Frau aus, im beruflichen Bereich von der oder dem jeweils hierarchisch Übergeordneten.

☺ Unabhängig davon reichen Gastgeberinnen und Gastgeber immer als Erste die Hand. Das ist wie ein Signal: Du bist mir in meinem Umfeld willkommen; ich „ziehe" dich mit dem Handschlag auf mein Terrain. Diese „Sonderkrone" steht übrigens auch dir zu!

☺ Der Handschlag soll nicht zum „Dauerschütteln" werden. Das ist äußerst unbeliebt, auch wenn oft vom „Händeschütteln" die Rede ist. Gleiches gilt für den „Schlaffi-Druck" und den „Kraftprotz-Quetscher". Ein Händedruck in mittlerer Stärke über einige Sekunden gehalten wird als angenehm empfunden.

☺ Werden mehrere Personen begrüßt, richtet sich die Reihenfolge nach der „Kronenvergabe": Im Privatleben werden deutlich Ältere und Damen bevorzugt, im Beruf hierarchisch Übergeordnete. Das gilt jedoch nur für kleine Gruppen.

☺ Bei größeren Gruppen ab etwa sieben Personen wird einfach der Reihe nach begrüßt. Befindet sich eine kronentragende Person darunter, ist es allerdings eine nette Geste, diese zu bevorzugen.

☺ Bei einer Gruppe werden entweder alle begrüßt oder keiner, damit sich niemand zurückgesetzt fühlt. Eine höfliche Alternative: ein Gruß für alle gemeinsam.

☺ Es ist ein Zeichen von Wertschätzung, sich bei der Begrüßung für (noch) Stehende zu erheben. Dies ist eine zwar stumme, aber deutliche Aussage: Du bist mir so viel wert, dass ich extra für dich meine Bequemlichkeit aufgebe und meine Muskeln strapaziere.

☺ Es ist wichtig, die angemessene Distanz einzuhalten.

Der kleine „Alles-klar?-Check" zum Grüßen und Begrüßen

Bitte entscheide, welche der folgenden Behauptungen oder Aussagen deiner Meinung nach richtig oder die besten Lösungen sind.

1. Beim Grüßen und Begrüßen gelten die gleichen Spielregeln, weil beides dasselbe ist.

   ☐ richtig   ☐ falsch

2. Treffe ich in der Schule eine Lehrerin oder einen Lehrer, die oder der Blickkontakt mit mir aufnimmt, warte ich ab, ob sie oder er mich grüßt statt zuerst zu grüßen.

   ☐ richtig   ☐ falsch

3. Wenn ich in eine Firma gehe, weil ich mich um einen Praktikums- oder Ausbildungsplatz bewerben will, warte ich ab, ob mir die Personalchefin oder der Interviewer die Hand reicht, weil diese Kronentragende sind.

   ☐ richtig   ☐ falsch

4. Im Privatleben zeige ich besondere Höflichkeit, wenn ich sehr viel älteren Menschen zuerst die Hand reiche.

   ☐ richtig   ☐ falsch

5. Komme ich in einen Raum, in dem schon Personen sind – etwa Wartezimmer beim Arzt –, grüße ich beim Eintreten, wenn ich mich höflich verhalten will.

   ☐ richtig   ☐ falsch

6. Eine Frau reicht einem Mann grundsätzlich zuerst die Hand. Ganz gleich, ob im privaten oder beruflichen Bereich.

   ☐ richtig   ☐ falsch

7. Als Gastgeberin oder Gastgeber heiße ich Besuch willkommen, indem ich zuerst die Hand zur Begrüßung ausstrecke.

   ☐ richtig   ☐ falsch

8. Es ist ein Zeichen von Wertschätzung, zu einer Begrüßung aufzustehen, wenn ich gerade sitze und jemand auf mich zukommt.

☐ richtig   ☐ falsch

9. Blickkontakt und ein Lächeln sind bei einem Gruß und bei der Begrüßung völlig überflüssig.

☐ richtig   ☐ falsch

10. Dabei die Hände oder eine Hand in der (Hosen-)Tasche zu haben, ist Usus. Besonders ältere Menschen finden das echt cool.

☐ richtig   ☐ falsch

Auflösungen für den kleinen „Alles-klar?-Check" zum Grüßen und Begrüßen:

1. falsch, 2. falsch, 3. richtig, 4. falsch, 5. richtig, 6. falsch, 7. richtig, 8. richtig, 9. falsch, 10. falsch

Noch kein Wort gesagt und schon im Fettnäpfchen gelandet
– „ungeschriebene Gesetze" kennen

Wie schon auf Seite fünf erwähnt, findet Kommunikation immer auch auf der Gefühlsebene statt. Dort wird ganz oft spontan – ohne den „Kopf einzuschalten" – über andere geurteilt. Dabei kommt es schnell zu Fehl- und Vorurteilen. Deshalb ist es gut, die versteckten Fettnäpfchen zu kennen, die auch „ungeschriebene Gesetze" genannt werden können. Es sind Erwartungen, die Menschen an andere stellen, ohne groß darüber zu reden. Es wird meist einfach vorausgesetzt, dass sie erfüllt werden. Und wehe, wenn nicht – dann ist mindestens innerliches „Sauersein" programmiert, wenn nicht gar Schlimmeres.

„Rück mir bei der Begrüßung nicht auf die Pelle!"

Eine dieser Erwartungen drückt sich im „ungeschriebenen Distanzgesetz" aus, das unter anderem bei einer Begrüßung gilt. Sicher kennst du das aus eigener Erfahrung: Wenn jemand dir dabei zu nahe kommt, den du nicht magst oder der dir fremd ist, findest du das bestimmt alles andere als cool. Vielleicht erinnerst du dich auch an Kindertage, als irgendwelche mehr oder minder entfernten Verwandten dich mit Umarmungen und Küssen überschüttet haben, denen du am liebsten entflohen wärst. Ähnliche Abwehrreaktionen entwickeln Menschen in jedem Alter, wenn ihr Distanzbedürfnis missachtet wird. Willst du dir also keine „rote Karte" von anderen einhandeln (auch wenn die unsichtbar und nur innerlich gezogen wird), rück Fremden bei einer Begrüßung nicht zu dicht auf die Pelle. Als angenehm wird der Händedruck empfunden, wenn er in der so genannten persönlichen Distanzzone stattfindet. Sie liegt zwischen etwa 50 Zentimetern bis zu zirka einem Meter. Gehen zwei Personen mit jeweils leicht angewinkeltem Arm aufeinander zu – so wie es bei uns üblich ist –, passt das Treffen der Hände automatisch in diese Zone.

Der noch engere Raum um einen Menschen herum, die intime Distanzzone, bleibt denen vorbehalten, die wir mögen und lieben. Dann sind beispielsweise Umarmungen zur Begrüßung erwünscht. Für Fremde hingegen ist die intime Distanzzone tabu. Ausnahmen davon gibt es nur beim Gesellschaftstanz und bei bestimmten Berufsgruppen, die ihren Job sonst nicht machen könnten. Beispiele: Wenn du zum Friseur oder zur Ärztin gehst, weißt du, dass sie dir sehr nahe kommen und dich sogar anfassen müssen, obwohl sie nicht zum Kreis deiner Vertrauten gehören. Deshalb bist du darauf eingestellt und gibst ihnen emotional die Erlaubnis dazu.

Es gibt noch zwei weitere von Verhaltenswissenschaftlern definierte Distanzzonen. In der gesellschaftlichen Distanz – von zirka einem Meter bis ungefähr gut zwei Metern – bahnt sich eine Kommunikation erst an. Etwa durch Blickkontakt und dem Entschluss, in etwas geringerer Entfernung einen Gruß folgen zu lassen. Die daran anschließende öffentliche Distanz ist für eine Kontaktaufnahme ungünstig, für ein Gespräch ganz ungeeignet. Übrigens: Diese Definition der Distanzzonen bezieht sich nur auf den nord-, mittel- und osteuropäischen Raum. Menschen in anderen Ländern und Kontinenten der Welt haben teilweise sehr unterschiedliches Distanzempfinden.

„Teile bitte fair mit mir!"

Eine weitere Erwartung, über die Menschen fast nie reden, ist das „ungeschriebene Territorial-Gesetz". „Meine Sofa-Ecke", „mein Platz am Esstisch", „mein Schultisch" und viele weitere „Meins", mit denen Plätze oder Gebiete bezeichnet werden – selbst wenn sie gar kein Eigentum sind! – kennzeichnen persönliche Ansprüche. Auch das kennst du mit ziemlicher Sicherheit aus eigener Erfahrung: Wird der Anspruch auf ein bestimmtes Terrain missachtet, gibt's meist Zoff. Oder würdest du es klaglos hinnehmen, wenn dir ein Familienmitglied deinen Stamm- und Lieblingsplatz im Wohnzimmer streitig machen wollte? Wohl kaum.

Müssen sich mehrere Menschen in der Öffentlichkeit ein Gebiet teilen, greift die unbewusst geforderte „Halbe-halbe-Regel". Beispiel: Ein Schultisch, an dem zwei Personen sitzen und arbeiten. Das geht nur dann friedlich ab, wenn sich beide daran halten, sich mit jeweils „ihrer" Hälfte zu begnügen. Schöbe eine ihren „Kram" in die Hälfte der anderen, kämen sofort Proteste – je nach „Ärger-Typ" mehr oder minder aggressiv. Um solchen unnötigen Stress zu vermeiden, erinnere dich bitte immer an diese „Fifty-fifty-Regel", wenn du dir einen Platz oder ein Gebiet mit anderen teilen willst oder musst.

„Ich schau dir (nicht) in die Augen, Kleines!"

Auch zum Blickkontakt gibt es „ungeschriebene Gesetze". Sie besagen zum einen: Überall dort, wo sich fremde Menschen auf relativ engem Raum miteinander befinden, wird Blickkontakt möglichst vermieden. Beispiel: ein voller Fahrstuhl. Findest du nicht auch, dass es dort schon fast komisch ist, wie krampfhaft manche die Stockwerkanzeige fixieren? Oder sie wie hypnotisiert auf das Schild starren: „Im Brandfall Aufzug nicht benutzen!"? Dabei müsste das gar nicht so sein, wenn sich die Menschen beim Einsteigen in den Aufzug einen Gruß gönnen würden. Damit wäre Kontakt hergestellt und ein zufälliges In-die-Augen-Schauen würde nicht als „Überfall" oder „unliebsame Annäherung" empfunden. Doch die meisten Menschen vergessen, in öffentlichen Aufzügen zu grüßen. Wenn du mal viel Spaß ganz umsonst haben willst, steige zum Beispiel in einem großen Kaufhaus mit einem strahlenden Lächeln und einem fröhlichen „Guten Tag" in einen Fahrstuhl ein. Die erstaunten Gesichter und Reaktionen der bereits darin Stehenden zu erleben ist spannend wie Kino! Übrigens: In Hotel- oder Firmenfahrstühlen gehört das Grüßen sowieso zum guten Ton.

Auch auf der Straße ist ein länger als sehr flüchtig gehaltener Blickkontakt zumindest irritierend. Schnell kann er auch als Anstarren oder gar Bedrohung empfunden werden. Dort gilt also ebenso: Kein oder kaum Blickkontakt ist üblich. Ganz anders die Erwartungen in einem Gespräch. Hier erfordern die „ungeschriebenen Blickkontakt-Gesetze" genau das Gegenteil (jedenfalls in unserem Kulturkreis). Wer seinem Gegenüber nicht in die Augen schauen kann, handelt sich Minuspunkte ein. Ja, schlimmstenfalls wird er sogar als Lügner eingestuft. Sei also klug und übe dich darin, während eines Gesprächs zu anderen Menschen Blickkontakt zu halten.

„Ich weiß sofort, wie du bist!"

Alle die genannten „ungeschriebenen Gesetze" beruhen vorrangig auf unbewussten Erwartungen von Menschen. Der Kopf ist daran mit rationalen Überlegungen kaum beteiligt. Ein Paradebeispiel für solche „Bauch-Phänomene" ist der erste Eindruck. Er läuft einfach ab, wenn Fremde sich begegnen. Einen

„Aus-Schalter", mit dem er abzustellen wäre wie es bei einem technischen Gerät möglich ist, gibt es nicht. Was dabei passiert, dürfte dir bekannt sein: Du siehst zum ersten Mal eine fremde Person und in wenigen Sekunden hast du sie kategorisiert. Entweder landet sie in der „Sympathisch-Abteilung" oder in der Sektion „unsympathisch". Darüber, wieso das passiert oder wie dieser erste Eindruck zu Stande kommt, wirst du dir vermutlich noch nie Gedanken gemacht haben. Und damit befindest du dich in guter Gesellschaft. Die wenigsten Menschen wissen über diese Zusammenhänge Bescheid – was sehr schade ist. Der Grund: Wer sie nicht kennt, läuft Gefahr, Menschen ganz falsch zu beurteilen. Damit kann er sich unter Umständen viele Chancen auf angenehme Beziehungen verbauen.

„Ach du meine Güte! Wie sieht die denn aus?"

Ein Beispiel: Ihr bekommt eine neue Mitschülerin. Eure Klassenlehrerin steht mit ihr vor euch und stellt sie vor: „Das ist Lisa Kleinschmidt. Sie ist gerade erst …" Während die Lehrerin fortfährt, tauscht ihr viel sagende Blicke, die alle das Gleiche ausdrücken: „Wie kann man nur so unmöglich aussehen? Uncoolere Klamotten gibt's ja wohl nicht, dazu die doofe Frisur und dann auch noch diese unmögliche Brille! Und wie die dasteht mit hängenden Schultern und gesenktem Kopf. Die kann ja nur voll Panne sein!!"

Abgehakt. Erster Eindruck erledigt – Lisa ist es auch. Zumindest bei denjenigen, die so dumm sind, den ersten Eindruck nicht zu prüfen. Bei ihm spielen zwar die Körpersprache zusammen mit der Kleidung die größte Rolle (zu 55 Prozent). Welche Qualitäten und Werte ein Mensch wirklich hat, ist damit jedoch nicht gesagt! Bleibt für Lisa also nur zu hoffen, dass wenigstens du so klug bist, sie aufgrund des ersten Eindrucks nicht in die Sektion „unsympathisch" zu stecken, sondern erst einmal erforschst, wie sie wirklich ist. Wenn du das tust, kannst du unter Umständen nicht nur Lisa, sondern auch dir selbst einen Riesengefallen tun. Vielleicht entwickelt sich daraus eine tolle Freundschaft, weil Lisa hinter der von euch vorschnell verurteilten äußeren Fassade ein ganz prima Mädchen ist.

„Und wie mache ich nun einen guten ersten Eindruck?"

Das, was in anderen Menschen beim ersten Eindruck abläuft, kannst du nur in Maßen beeinflussen. Er setzt sich aus sehr vielen unbewussten Puzzle-Einheiten zusammen wie Erinnerungen, Wertmaßstäben, Erfahrungen, Moralvorstellungen, Vorurteilen, ethischen Ansprüchen und mehr. Dazu kommen reale Beobachtungen wie die des Äußeren – etwa Kleidung und Körperbau, der Haltung, Gestik, Mimik, des Gangs – also die gesamte Körpersprache. Auch die Stimme und alles, was damit zusammenhängt, spielen eine Rolle (zu 38 Prozent).

Die persönlichen Komponenten sind so bestimmend, dass der erste Eindruck immer subjektiv ist. Und wie objektiv bereit ein Mensch später ist, seinen ersten Eindruck zu korrigieren, bleibt „die große Unbekannte". Deshalb ist es intelligent, den beeinflussbaren Anteilen besondere Beachtung zu schenken. Da ist an erster Stelle die Kleidung – also etwas anziehen, was zur Situation passt, das sowohl sauber und heil als auch gepflegt ist. Dazu kommt die Körpersprache – also gerade und aufrecht stehen oder sitzen, sich nicht auf dem Stuhl herumlümmeln. Dann folgt in der Wichtigkeit die Stimme – also klar und deutlich, weder zu laut noch zu leise sprechen. Der Inhalt des Gesprochenen wird in den ersten Sekunden nur mit sieben Prozent wahrgenommen. Spar dir deine klügsten Sätze also ruhig für etwas später auf! In den ersten Sekunden reichen ein freundlicher Tagesgruß und eine gekonnte Selbstvorstellung (wie im folgenden Abschnitt) völlig aus.

Höflich vorgestellt
– das Bekanntmachen

Es gibt zwei Möglichkeiten, mit Fremden bekannt zu werden. Entweder übernimmt die Vorstellung beziehungsweise das Bekanntmachen eine dritte Person (➜ auch Beispiel Lehrerin/Lisa, Seite 19 und ab der nächsten Überschrift) oder du sagst selbst, wie du heißt. Das wird Selbstvorstellung genannt. Dafür hast du mehrere höfliche Möglichkeiten bei der Wortwahl:

> Ich bin Anna/Linus Schuster.
> Ich heiße Ferial/Ugur Bucak.
> Mein Name ist Caroline/Dominik Meier.
> Ich bin/heiße/mein Name ist Olga/Yannik.

Mit der „Ich-bin-Version" wirkst du am selbstbewusstesten. Probier es also ruhig mal aus. Damit kannst du, besonders wenn du dich später zum Beispiel für ein Praktikum oder einen Arbeitsplatz bewirbst, viele Pluspunkte sammeln. Die Formen „Ich heiße …" und „Mein Name ist …" sind zwar auch höflich, jedoch weniger eindrucksvoll. Die Selbstvorstellung nur mit dem Vornamen ist unter euch Jugendlichen ausreichend. Erwachsenen gegenüber ist es besser, wenn du deinen kompletten Namen nennst. Das ist natürlich auch innerhalb deiner Altersgruppe nicht verboten! Bitte sei dir auch bewusst: Sagst du nur deinen Vornamen, erteilst du damit deinem Gegenüber automatisch die Erlaubnis, dich zu duzen!

„Gestatten Sie, dass ich Ihnen meine Kinder vorstelle?"

Solltest du diese Frage oder eine ähnliche wie: „Erlauben Sie, dass …?" von Erwachsenen hören, dann nimm sie bitte einfach als das, was sie früher einmal war: als Höflichkeitsfloskel, die Menschen damals so beigebracht wurde. Übernimm sie jedoch am besten nicht in deinen Sprachgebrauch. Warum nicht? Weil solche Sätze wohl die „Königinnen" der rhetorischen Fragen sind. Oder kannst du dir vorstellen, dass ein auch nur annähernd höflicher Mensch darauf mit „Nein!" antwortet? Na, also. Außerdem sind solche Floskeln selbst für Erwachsene out! Ersetze diese überflüssigen Altertümer besser durch Aussagen wie: „Ich freue mich, dass ich Sie mit … bekannt machen kann." Oder beginne schlicht mit der eigentlichen Vorstellung: „Dies ist meine Schwester Susanne. Das ist eine Freundin meiner Mutter, Adelheid Schuster."

Der Zusatzbonus für Kronentragende beim Vorstellen

Die Bevorzugung drückt sich in diesem Fall durch folgendes Entgegenkommen aus: Kronentragende bekommen das Recht, als Erste zu erfahren, wer der Fremdling vor ihnen ist. Das bedeutet:

> Auf dem privaten „Spielfeld" bekommt die Dame zuerst den Namen des (noch) fremden Herrn genannt. Dann erst erfährt er ihren. Bei deutlichen Altersunterschieden geht's so: Zuerst werden wesentlich Ältere über den Namen des jüngeren Menschen informiert. Danach erst hört dieser, wie die oder der Ältere heißt.

> Auf dem beruflichen „Spielfeld" wird der hierarchisch übergeordneten Person erst der Name des Gegenübers mitgeteilt. Anschließend erfährt dieses, wer die oder der Vorgesetzte ist. Kundinnen und Kunden bekommen zuerst den Namen eines Firmenmitglieds genannt. Erst daraufhin erhält dieses die Auskunft, wie die Kundschaft heißt.

> Eine Gruppe hat wieder eine „Sonderkrone", und zwar auf beiden „Spielfeldern". Ihr wird erst bekannt gegeben, wie die mitgebrachte Person heißt, ehe diese die Namen der Gruppenmitglieder gesagt bekommt.

So sieht das
in der Praxis aus

Tina Clever will bei einer privaten Feier ihre Mutter, 42 Jahre alt, und einen Klassenkameraden miteinander bekannt machen. Sie überlegt also, wer die Krone trägt und kommt zu dem richtigen Schluss: Dies ist eindeutig ihre Mutter. Genau genommen hat sie sogar zwei Kronen: Eine als deutlich Ältere und eine als Frau. So ist es für Tina Clever ganz klar, wie sie es richtig macht und sie sagt: „Mama, dies hier ist Marcus Wohlgemut aus meiner Klasse." Dann wendet sie sich Marcus zu und erklärt: „Und das ist meine Mutter, Sonja Clever."

Einige Zeit später bekommt Tina Besuch von ihrer Cousine Laura, die sie mit zu ihrer Clique nimmt. Wieder denkt sie über die Kronenverteilung nach und erkennt: Die Gruppe hat die „Sonderkrone". Also geht sie mit Laura auf die Clique zu und verkündet: „Hallo, alle miteinander. Das hier ist meine Cousine Laura, die für einige Tage bei mir zu Besuch ist. Laura, dies sind Alexa, Tanja, Lena, Evran und Felix."

Und da Tina Clever immer Spaß daran hat, sich schon mal die Zukunft auszumalen, macht sie sich Gedanken über die folgende Situation: Sie hat in ihrer Firma den Auftrag bekommen, eine neue Mitarbeiterin, 56 Jahre alt, mit dem Chef, 31 Jahre alt, bekannt zu machen. Nach eingehender Betrachtung wird ihr klar: Obwohl die neue Mitarbeiterin eindeutig älter und eine Frau ist, hat der „Boss" die Krone. Womit sie wieder einmal richtig getippt hat. Also ist es völlig in Ordnung, wenn sie nach der Begrüßung zu ihrem Chef sagt: „Dies ist unsere neue Mitarbeiterin, Frau Andrea Fleißig. Frau Fleißig: unser Chef, Herr Dr. Wilfried Oberbossig."

Der kleine „Alles-klar?"-Check
zum Vorstellen und Bekanntmachen

Bitte entscheide, welche der folgenden Behauptungen oder Aussagen deiner Meinung nach richtig oder die beste Lösung sind.

1. Wenn ich mich selbst anderen vorstelle, wähle ich am besten die „Ich-bin-Form". So wirke ich am selbstbewusstesten.

   ☐ richtig   ☐ falsch

2. Die Zusätze „Mein Name ist ..." und „Ich heiße ..." sind unhöflich.

   ☐ richtig   ☐ falsch

3. „Gestatten Sie, dass ich Ihnen ... vorstelle?" ist eine moderne und empfehlenswerte Einleitung bei einer Vorstellung.

   ☐ richtig   ☐ falsch

4. Kronentragende haben bei einer Vorstellung durch Dritte das Recht, als Erste genannt zu werden.

   ☐ richtig   ☐ falsch

5. Auf dem privaten Spielfeld wird einem deutlich älteren Menschen immer zuerst der Name der wesentlich jüngeren Person genannt.

   ☐ richtig   ☐ falsch

6. Auf dem beruflichen Spielfeld gelten die gleichen Spielregeln beim Vorstellen wie auf dem privaten.

   ☐ richtig   ☐ falsch

7. Eine Gruppe hat eine Sonderkrone, die auf beiden Spielfeldern gilt und bedeutet: Sie erfährt zuerst, wie eine mitgebrachte Person heißt.

   ☐ richtig   ☐ falsch

Auflösung für den kleinen „Alles-klar?"-Check" zum Vorstellen und Bekanntmachen:

1. richtig, 2. falsch, 3. falsch, 4. falsch, 5. richtig, 6. falsch, 7. richtig

„Hey, Alter, lass uns mal duzen!"
– verkehrte und angesagte Anreden

Wer so etwas sagt, braucht nicht nur Nachhilfe in Deutsch. Er hat offensichtlich auch keine Ahnung von der „Kronenstory". „Gekrönte Häupter" haben nämlich auch das Entscheidungsrecht, ob sie sich mit anderen duzen möchten oder nicht. Also fragen Jugendliche deutlich Ältere nie, weder im privaten Bereich noch in der Schule: „Wollen wir uns duzen?" Azubis bitten die Chefin oder den Chef nicht um gegenseitige „Duzerei". Teammitglieder verschonen Vorgesetzte mit diesem Wunsch. Eine Ausnahme vom „Kronen-System" gibt es allerdings: Bei etwa Gleichaltrigen ist es unerheblich, ob die Frau dem Mann oder er ihr das „Du" anbietet.

Klar: Du hast unter Jugendlichen mit der „Siezerei" noch nichts zu tun. Dass ihr euch duzt, ist selbstverständlich. Ebenso, dass ihr auch von fremden Erwachsenen bis zu einem bestimmten Alter geduzt werdet, ihr diese hingegen siezt. In der Schule kann sich das eventuell ändern. Oft gehen Lehrerinnen und Lehrer ab einer bestimmten Jahrgangsstufe zur Anrede mit Vornamen und „Sie" über. Das bedeutet allerdings nicht, dass sie diese Form der Anrede nun auch von euch wünschen! Sollte das in Ausnahmefällen anders sein, wird die entsprechende Person euch dies mitteilen. Die Anredeform mit Vornamen und „Sie" gibt es übrigens auch unter Erwachsenen, erfordert dann aber eine Absprache. Üblicherweise siezen sich in unserem Land fremde Erwachsene und reden sich mit dem Nachnamen an. Ausnahmen gibt es in bestimmten Berufsgruppen, Arbeitsteams oder Gemeinschaften wie einer Sportmannschaft. Das sind so genannte Gruppen-Dus, ähnlich dem „Du" unter euch Jugendlichen.

Richtige Anreden
– sind sie überhaupt der Rede wert?

Oh, doch – sie sind es. Und wie! Viele Menschen reagieren äußerst verstimmt, wenn sie falsch angesprochen werden. Teste dich bitte einmal selbst. Bist du erfreut, wenn andere deinen Namen falsch aussprechen, ihn verwechseln oder gar nach längerer Bekanntschaft nicht kennen? Mit ziemlicher Sicherheit ärgerst du dich darüber, zumindest wird es dich nerven. Gib dir deshalb bitte Mühe, andere Menschen richtig anzureden, wenn du einen guten Eindruck hinterlassen möchtest.

Checkliste
der wichtigsten Spielregeln
für Anreden

☺ Versuche, dir Namen von neuen Bekannten so schnell wie möglich zu merken.

☺ Sprich die Namen richtig aus und schreibe sie ohne Fehler, zum Beispiel bei Briefen. Lass sie dir, wenn nötig, buchstabieren oder bitte darum, dir einen Namen noch einmal vorzusprechen. Damit zeigst du dein Interesse und dein Bemühen um die richtige Aussprache und Schreibweise. Und das ist allemal besser, als wenn du dich nicht traust zu fragen.

☺ Verwende die Namen derer, die du kennst, dann auch immer im Alltag. Zum Beispiel bei einem Gruß oder einer Begrüßung. Beides wirkt wesentlich höflicher, wenn du den Namen dazu sagst und zeigt zudem anderen deine Wertschätzung!

☺ Verkürze Doppelnamen nicht einfach, weil sie dir zu lang oder zu kompliziert sind. Nur, wenn ein „Doppelbenamter" von sich aus sagt: „Ach, lass den zweiten Namen ruhig weg", solltest du dies tun.

☺ Das Gleiche gilt, wenn jemand akademische Grade oder andere Titel hat. Auch diese sollen nur auf persönlichen Wunsch weggelassen werden. Das ist übrigens unter Erwachsenen genauso!

☺ Hat jemand einen Doktor-Titel, wird er also mit „Frau Dr. Kluge" oder „Herr Dr. Weise" angesprochen, solange sie oder er nicht von sich aus wünscht, sich auf den Namen zu beschränken.

☺ Bei mehreren akademischen Graden wird in der Anrede – mündlich wie schriftlich – nur der höchste Titel genannt. Lediglich in der Adresse werden alle aufgeführt. Beispiele:

> Frau Dr. Dr. Sybille Kluge
> Frau Professorin Dr. Sybille Kluge
> Herrn Dr. Dr. h. c. Stefan Schlau
> Herrn Professor Dr. Dr. e. h. Stefan Schlau

Der kleine „Alles-klar?-Check"
zu höflichen Anreden und zum Duzen

Bitte entscheide, welche der folgenden Behauptungen oder Aussagen deiner Meinung nach richtig oder die beste Lösung sind.

1. Wer wem das „Du" anbietet, ist ganz egal. Dazu gibt es keine Spielregel.

☐ richtig ☐ falsch

2. Im Berufsleben ist es das Recht von Kronentragenden zu entscheiden, ob sie sich mit Mitarbeitenden duzen wollen.

☐ richtig ☐ falsch

3. Im privaten Bereich bitten Jugendliche sehr viel ältere Menschen um das „Du".

☐ richtig ☐ falsch

4. Wenn eine Lehrerin oder ein Lehrer mich duzt, bedeutet dies für mich, dass ich automatisch zurückduzen kann, ohne unhöflich zu sein.

☐ richtig ☐ falsch

5. Sich Namen zu merken ist viel zu anstrengend und außerdem für die gute Kommunikation völlig unwichtig.

☐ richtig ☐ falsch

6. Doppelnamen sollen nicht einfach verkürzt und akademische Grade nicht weggelassen werden. Beides ist unhöflich, wenn die entsprechende Person es nicht von sich aus wünscht.

☐ richtig ☐ falsch

7. Hat jemand mehrere akademische Grade, werden die sowohl bei der Anrede als auch in der Anschrift immer alle genannt.

☐ richtig ☐ falsch

Auflösung für den kleinen „Alles-klar?-Check" zu höflichen Anreden und zum Duzen:

1. falsch, 2. richtig, 3. falsch, 4. falsch, 5. falsch, 6. richtig, 7. falsch

Richtiges
Miteinanderreden
– das macht von sich reden!

„Kann man denn auch ‚verkehrt' miteinander reden?", fragst
du dich vielleicht gerade. Oh, ja – und das tun leider sehr
viele Menschen! Und dann gibt es oft Unstimmigkeiten oder
gar Streit. Manchmal wissen die Beteiligten gar nicht genau,
warum, weil sie die Spielregeln für das Miteinanderreden nicht
kennen. Wenn du sie beherzigst, kannst du dir viele unnötige
Reibereien, Missverständnisse und so manchen Zoff ersparen.

Sieben wichtige
Rede-Spielregeln

1. Ich-Botschaften und -Aussagen formulieren

„Du bist doof/gemein/blöd/dämlich/abscheulich/unverschämt!"
„Du ärgerst mich!" „Wieso hast du mich gestern versetzt?"
Wer solche Sätze hört, fühlt sich schnell angegriffen, getadelt,
herabgesetzt oder gar verletzt. Das weckt Verteidigungsmechanismen und Abwehr bis Aggression. Formuliere deshalb besser Ich-Aussagen und Ich-Botschaften. Letztere bestehen aus
drei Teilen: der Beschreibung des (unerfreulichen) Verhaltens
und welche Wirkung es hat, welches Gefühl es auslöst sowie
der Aussage, warum eine Verhaltensänderung gewünscht wird
beziehungsweise wie sie erreicht oder gestaltet werden kann.
Beispiel: „Ich bin stocksauer, weil ich gestern vergeblich
auf dich gewartet habe. Außerdem kränkt es mich, dass du mir
nicht einmal Bescheid sagst, wenn du unsere Verabredung aus
irgendeinem Grund nicht einhalten kannst. Das gibt mir nämlich
das Gefühl, dass ich dir offensichtlich nicht viel wert bin. Ich
meine, dass es doch irgendwie hätte machbar sein müssen, mich

zu informieren. Zumindest später, etwa abends, wäre doch eine
telefonische Erklärung möglich gewesen."

Ich-Aussagen sind kürzer, beschreiben die Situation oder das
Verhalten jedoch ebenfalls vom „Ich-Standpunkt" aus. Beispiele: „Ich ärgere mich, wenn ...", „Ich finde es doof/ gemein/blöd
(oder wie auch immer), dass ..."

2. Versteckte Botschaften vermeiden

„Habt ihr zu Hause Säcke vor der Tür?" „Puh, ist hier aber
schlechte Luft!" „Der Mülleimer ist voll!" Solche Sätze werden dir bekannt vorkommen. Wenn Erwachsene sie aussprechen
– was oft vorkommt – weißt du sicher: Sie sind fast immer als
Handlungsaufforderung gemeint. Und dir ist auch klar: Am wenigsten Ärger bekommst du, wenn du reagierst – am besten so
schnell wie möglich. Das Verrückte ist nämlich: Menschen, die
solche versteckten Botschaften senden, meinen in der Regel,
sich doch klar und deutlich ausgedrückt zu haben. Sie reagieren
meist ziemlich sauer, wenn die gewünschte Tat – obwohl gar
nicht genau benannt – ausbleibt. Vielleicht kennst du diese unklare Art, sich auszudrücken, auch von dir selbst. Etwa: „Mama,
der Saft ist alle!" – soll vielleicht heißen: „Du kaufst doch bestimmt neuen, nicht wahr?" oder: „Bring doch bitte aus dem
Keller Saft mit rauf." Wenn du klug bist, verzichtest du auf solche versteckten Botschaften. Sie führen leicht zu Missverständnissen und Ärger. Formuliere deine Wünsche besser klar und
höflich, wie: „Mama, der Saft ist alle. Würdest du bitte welchen
mitbringen, wenn du einkaufen gehst?"

3. An die „Zauberwörter" denken

Klare Botschaften und unmissverständliche Wünsche sind nur
dann empfehlenswert, wenn sie sich durch ein „Bitte" deutlich
von einer rüden Anweisung unterscheiden. Denke deshalb bitte
bei deinen Formulierungen daran. Auch ein „Danke", „vielen

Dank", „gern geschehen" und ähnliche Freundlichkeiten sind für die angenehme Kommunikation unverzichtbar. Eines der am wenigsten verwendeten „Zauberwörter" – leider! – ist „Entschuldigung". Es gibt Menschen, die meinen: „Wenn ich mich entschuldige, gebe ich ja einen Fehler zu. Das bedeutet: Ich gestehe eine Schwäche ein!" Aber genau das Gegenteil ist der Fall: Wenn du zu einem Fehler stehen kannst, beweist du Selbstbewusstsein und Stärke! Außerdem ist es auch bei kleinen Versehen im Alltag wichtig, sich dafür zu entschuldigen. Beispiele: jemanden unabsichtlich angerempelt oder ihn auf den Fuß getreten haben sowie bei Unpünktlichkeit.

4. Exakt formulieren statt verallgemeinern

„Nie hast du Zeit für mich!" „Aber alle dürfen das!" „Keiner muss schon so früh zu Hause sein!" „Immer nimmst du mir … weg!" Solche und weitere Pauschalierungen wie „dauernd", „pausenlos", „generell", „permanent" entsprechen kaum jemals der Wahrheit. Deshalb werden Menschen, die so reden, schnell unglaubwürdig. Außerdem wecken solche Sätze sofort Aversion und Verteidigungswünsche bei so Angesprochenen. Drück dich deshalb lieber präzise aus, etwa: „Das ist jetzt schon das dritte Mal, dass du mir … wegnimmst." „Aber über die Hälfte aus meiner Klasse dürfen das."

5. „Spielanlässe" und „Mitspielende" bei der Wortwahl beachten

So, wie es bei einem Gruß klug ist, die Ausdrucksform mit Blick auf „Mitspielende" zu wählen (→ Seite 8), ist dies auch ganz allgemein empfehlenswert. Beispiel: Jugendsprache. Wenn ihr unter euch seid und in eurem Jargon redet, ist das in Ordnung und geht nur euch etwas an. Da ihr wisst, was ihr mit bestimmten „Jugendsprache-Vokabeln" meint, sind Missverständnisse so gut wie ausgeschlossen. Diese sind jedoch vielfach programmiert, wenn du im „Jugendslang" mit Erwachsenen

redest. Ein Beispiel: Sagst du „geil", meinst du „toll", „super".
Viele ältere und ganz besonders betagte Menschen sind nahezu
allergisch gegen diesen Ausdruck, weil er für sie wegen der früheren sexuellen Bedeutung zu den Tabuwörtern gehörte. Wähle
deine Redeweise also am besten mit Blick auf die „Mitspielenden" und zusätzlich passend zum Anlass. Die Faustregel: Je
offizieller ein Ereignis ist, um so älter sowie dir unvertrauter
Erwachsene sind, desto wichtiger wird es, einen angemessenen
formellen Sprachstil und die „Erwachsenen-Sprache" zu wählen.

6. Auf Beleidigungen, Spott und Schimpfwörter verzichten

„Du dumme Kuh!" „Brillenschlange!" „Du Bettnässer" „Scheiße!"
„Arschloch" „Verarschen kann ich mich auch alleine!" und
zig weitere Dauerbrenner mit „Ar…" und „Sch…", ganz zu
schweigen von den reichhaltig vorhandenen „F-Schimpfwör-
tern", gehören heute zum Standard-Repertoire nicht nur von
Jugendlichen. Das ist doppelt schade. Zum einen, weil es
Beleidigungen sind, die eine gute Kommunikation gnadenlos
zerstören. Zum anderen, weil diejenigen, die diesen Wort-
„Schatz" haben, sich selbst damit am meisten schaden. Wenn
du nicht primitiv und ungebildet erscheinen willst, verzichte
am besten ganz auf solche Schimpfwörter.

Und nimm dir an Erwachsenen oder so genannten Promis, die
angeblich mit solchen Ausdrücken Furore machen bitte auf keinen Fall ein Beispiel! Sie sind schlechte Vorbilder und so mancher „Star" hat schon Gerichtsprozesse wegen Beleidigung verloren und Schmerzensgeld an Verunglimpfte zahlen müssen.
Bitte denke auch daran, wie verletzend Spott ist und wie
schlecht sich ein Mensch fühlt, wenn er vor anderen lächerlich
gemacht wird. Beweise, dass du den tieferen Sinn von Höflichkeit richtig verstanden hast, indem du zum einen auf das „verba-

le Herabwürdigungsspiel" verzichtest und zum anderen denen
mal ein paar Takte sagst, die das noch nicht kapiert haben.

7. Richtig zuhören und andere ausreden lassen

Laut einer Repräsentativumfrage ist „andere im Gespräch ausreden lassen" für 97,8 Prozent der Deutschen eine der wichtigsten
Umgangsformen-Regeln. Darüber hinaus ist es auch Grundbe-
dingung für richtiges Zuhören. Und diese wiederum ist eine der
notwendigsten Qualitäten in Gesprächen. Vermutlich kennst du
diese oder eine ähnliche Aussage: „Wie bitte? Ich hab's nicht
mitgekriegt, was du gesagt hast, weil ich grad' nur mit halbem
Ohr hingehört habe." Es gibt unterschiedliche „Hör-Möglich-
keiten", von denen die meisten schlecht, weil oberflächlich oder
unvollständig sind. Ein Beispiel mit vier Unterteilungen: Hören
(als schlechteste Möglichkeit), Hinhören (etwas besser, aber
nicht ausreichend), Zuhören (ebenfalls besser, jedoch lediglich
spiegelnde Rückmeldung, die das „zwischen den Zeilen" Wahr-
zunehmende ausblendet), aktives Zuhören (als empfehlenswerteste Form).

Die Situation: Carla erzählt ihrer Freundin das Folgende mit
recht leiser und trauriger Stimme und sitzt dabei ziemlich
zusammengesunken, den Kopf in beide Hände gestützt, vor ihr:
„Mensch du, stell dir mal vor, was gestern in der Tanzstunde
passiert ist. Till hat nicht ein einziges Mal mit mir getanzt, und
in der Pause hat er im Vorbeigehen zu mir gesagt, dass er nicht
mit mir sondern mit Svenja zum Ball geht." Carlas Freundin
antwortet mit:

> Hören: „Was is' mit Svenja?"
> Hinhören: „Ach, mit Svenja geht er jetzt statt mit dir?
  Aber die ist doch viel zu groß für ihn!"

> Zuhören mit spiegelnder Rückmeldung: „Was? Er hat nicht einmal mit dir getanzt und zum Ball geht er jetzt auch nicht mit dir? Na, dann musst du halt mit 'nem anderen hingehen."

> Aktives Zuhören mit interpretierender Rückmeldung: „Ich hab' das Gefühl, du bist richtig traurig. Es hört sich für mich jedenfalls so an. Ist es, weil Till nicht mit dir getanzt hat oder weil er mit Svenja zum Ball geht? Oder befürchtest du vielleicht, dass du jetzt keinen Partner mehr zum Ball bekommst und dann gar nicht hingehen magst?"

Welche Reaktion der Freundin Carla am wenigsten und welche ihr am meisten Zuwendung und Aufmerksamkeit beweist, ist wohl klar. Beim aktiven Zuhören wird nicht nur genau auf die Worte, sondern auch auf Körpersprache und Stimme geachtet und so „zwischen den Zeilen" gehört. Die interpretierende Rückmeldung: „Ich hab' das Gefühl …" dient sowohl der Absicherung, ob kein Fehlschluss vorliegt, als auch der Ermunterung für die erzählende Person, das Gespräch fortzuführen und zu vertiefen.

Doch nicht nur sie hat Vorteile vom aktiven Zuhören. Wenn du dich in dieser „Königsdisziplin" der verbalen Kommunikation übst, hast du den größten Gewinn. Erstens, weil du bei anderen eine beliebte Gesprächspartnerin oder ein begehrter Gesprächspartner sein wirst. Zweitens, weil du dann viel mehr über andere Menschen erfährst. Drittens, weil du viel angenehmer mit anderen kommunizieren kannst.

„Hallo, wer da?"

– vom Telefonieren mit und ohne Strippe

„Dudelidu-dudelida-dudelidei" – Nein, das ist keine Einladung zum Jodeln! Es geht um die Bitte, die coolen Klingeltöne deines Handys in der Öffentlichkeit stumm zu schalten oder, je nach Situation, zumindest leise zu stellen. Natürlich vorausgesetzt, du besitzt ein Mobiltelefon. Der „Nervfaktor" des Bimmelns, Jaulens, Dudelns, Bellens, Singens oder was immer sonst noch an Klingeltönen angeboten wird, ist in den letzten Jahren rapide gestiegen. Außerdem stört viele Menschen zunehmend dies: Sie werden gezwungen, die Gespräche von völlig Fremden mithören zu müssen. Um zwei Dinge hier direkt klarzustellen: Ein Handy an sich ist nichts Schlechtes! Was nervt, ist der gedanken- und oft rücksichtlose Umgang damit. Und: Letzteres ist nicht allein von Jugendlichen „gepachtet" – auch deutlich Ältere haben vielfach keinen „Handy-Benimm"! Deshalb: Übernimm bitte nicht alles, was du bei Erwachsenen zum Handy-Gebrauch erlebst. Halte dich lieber an die wünschenswerten und rücksichtsvollen Handy-Umgangsformen. Hier die wichtigsten Tipps:

> Beachte bitte Handy-Tabuzonen. Dazu gehört jeder Bereich, der mit einem Verbotsschild gekennzeichnet ist. Hinzu kommen Sicherheitstabus: Flugzeug, Krankenhaus, Tankstelle, Fahrrad, Auto (ohne Freisprechanlage für Fahrerin oder Fahrer) sowie Höflichkeitstabus: Beerdigung, Trauerfeier, Krankenbesuch, Kirche, Vorstellungsgespräch.
> Vermeide Lärmbelästigung, indem du auf Vibrationsalarm oder lautlos stellst und beim Telefonieren in der Öffentlichkeit möglichst viel Abstand zu anderen hältst.

> Warte eine Pause oder das Ende einer Veranstaltung ab oder
  verlasse zum Telefonieren den Raum bei gesellschaftlichen
  Anlässen wie: Theater, Konzert, Kino, (Essens-)Einladun-
  gen, Empfängen. Ebenso bei Vorlesungen, Vorträgen und
  Seminaren, in der Schule oder Bibliothek, im Museum oder
  Wartezimmer beim Arzt und bei Ähnlichem.

> Erinnere dich bitte oft genug an die Grundregel: Überall
  dort, wo es die Ruhe und Entspannung oder die Konzentration der Mitmenschen beeinträchtigen könnte, verzichtet ein
  rücksichtsvoller Mensch auf den Handy-Gebrauch.

> Unterbrich ein Gespräch nicht, um eine eingehende SMS
  zu lesen. Das nonverbale, aber eindeutige Negativ-Signal
  für dein Gegenüber: Ich bin weniger wichtig als die
  SMS! Das stört die gute Kommunikation ganz gewaltig.
  Mindestens genauso schlecht: mitten im Gespräch eine
  SMS einzutippen.

> Beherzige auch am Handy die allgemeinen Höflichkeits-
  aspekte zum Telefonieren (➔ folgende Übersicht).

Zehn goldene Regeln
zum Telefonieren

1. Das Melden ohne Namen etwa mit „Hallo!", oder „Ja?", finden über 70 Prozent der Deutschen unhöflich. Nenne deshalb am besten deinen Vor- und Zunamen und sage einen
   passenden Tagesgruß dazu, etwa „Guten Tag". Lediglich bei
   einer Geheimnummer oder wenn nur engste Vertraute eine
   Handy-Nummer kennen, kann es angebracht sein, sich ohne
   den Namen zu melden.

2. Kannst du die Nummer im Display eindeutig zuordnen
   oder siehst du den Namen der oder des Anrufenden, ist eine

Begrüßung direkt mit dem Namen eine sehr persönliche Variante.

3. Die empfehlenswerteste Form der Selbstvorstellung (→ Seite 21), die „Ich-bin-Version", ist auch am Telefon die modernste Alternative.

4. Nimmst du ein Gespräch an einem fremden Telefon an, melde dich bitte mit: „Bei ...(Name der Person, Familie oder Institution)" und danach deinem Namen plus dem Tagesgruß.

5. Wenn du andere anrufst, frage bitte nachdem du dich gemeldet hast direkt, ob das Gespräch überhaupt gelegen kommt, etwa mit: „Störe ich Sie (dich) gerade oder haben Sie (hast du) Zeit für ein (kurzes) Gespräch?"

6. Hält sich jemand nicht an diese Spielregel, brauchst du nicht zu lügen, wenn du gerade keine Zeit oder Lust für ein Telefonat hast. Eine freundliche Information wie: „Du, ich kann jetzt gerade nicht länger mit dir reden, weil ich ... (eventuell kurze Erklärung des Hinderungsgrundes)", reicht völlig aus.

7. Freundlich ist es dann, einen Rückruf anzubieten, etwa: „Passt es dir (Ihnen), wenn ich heute Abend/in etwa zwei Stunden/morgen wieder anrufe?" Die Ausnahme: Liegt das Interesse an dem Gespräch ausschließlich bei der anrufenden Person, ist ein Rückrufangebot überflüssig. Beispiel: Jemand möchte etwas verkaufen.

8. Schau vorsichtshalber auf die Uhr, bevor du irgendwo anrufst. Für einen fremdem Privathaushalt gelten als Kernzeiten für höfliches Anrufen: werktags morgens zwischen 9:30

und 12:30 Uhr, nachmittags ab 15:00 bis 20 Uhr und am Wochenende sowie an Feiertagen vormittags besser noch später. Ausnahmen: Wenn die angerufene Person einen Nutzen von dem Gespräch hat oder du die Gewohnheiten und Lebensumstände eines Menschen kennst. Dann richtest du dich natürlich vorrangig danach. Rufst du jemanden auf seinem eigenen Handy an, ist der Spielraum ebenfalls größer. Doch bitte auch dann nicht zu nachtschlafender Zeit anrufen. Selbst der größte Technik-Freak kann mal vergessen, die Mailbox zu aktivieren oder das Handy stumm zu schalten.

9. Wenn du gute Laune verbreiten möchtest, lächele beim Telefonieren. Auch wenn es unglaublich klingt: Das „hört" der Mensch durchs Telefon. Die Stimme verändert sich positiv, wenn mit einem Lächeln gesprochen wird.

10. Lege bei einer Fehlverbindung nicht einfach wortlos wieder auf oder drück die Austaste. Wesentlich freundlicher ist eine kurze Entschuldigung wie: „Oh, tut mir Leid, ich muss mich wohl vertippt haben."

Der kleine „Alles-klar?-Check" zum Telefonieren

Bitte entscheide, welche der folgenden Behauptungen oder Aussagen deiner Meinung nach richtig oder die beste Lösung sind.

1. Das Telefonieren mit dem Handy ist heutzutage so weit verbreitet, dass man überall telefonieren kann, ohne andere damit zu belästigen.

☐ richtig   ☐ falsch

2. Mitten in einem Gespräch eine SMS zu lesen oder einzutippen ist ein Negativ-Signal, das vom Gegenüber oft als
Missachtung: „Ich bin offensichtlich unwichtig!" empfunden wird.

☐ richtig   ☐ falsch

3. Die höflichste Art, sich privat am Telefon zu melden, ist,
den Vor- und Zunamen in Verbindung mit dem Tagesgruß zu
nennen.

☐ richtig   ☐ falsch

4. Sehe ich im Display, wer mich anruft, ist es eine sehr persönliche Art der Gesprächsannahme, die anrufende Person
direkt mit ihrem Namen zu begrüßen, etwa: „Ja, hallo
Sabine. Wie schön, dass du anrufst!"

☐ richtig   ☐ falsch

5. Es ist rücksichtsvoll, andere bei einem Anruf erst einmal zu
fragen, ob sie überhaupt Zeit für ein Gespräch haben.

☐ richtig   ☐ falsch

6. Telefonieren ist rund um die Uhr ohne Fettnäpfchen-Gefahr
möglich. Schließlich kann jeder selbst dafür sorgen, dass er
nicht gestört wird, wenn ihm das wichtig ist.

☐ richtig   ☐ falsch

7. Wer gerade keine Zeit oder Lust für ein längeres Telefonat
hat, braucht keine Notlüge zu erfinden. Ein Rückrufangebot
ist dann allerdings höflich.

☐ richtig   ☐ falsch

8. Ein Lächeln am Telefon kann man „hören". Es verändert die
Stimme positiv.

☐ richtig   ☐ falsch

Auflösung für den kleinen „Alles-klar?-Check" zum Telefonieren:
1. falsch, 2. richtig, 3. richtig, 4. richtig, 5. richtig, 6. falsch, 7. richtig,
8. richtig

Wer schreibt, der bleibt

– hoffentlich in guter Erinnerung

Damit du große Chancen hast, dass diese Hoffnung wahr wird, denke bitte auch beim Schreiben an einige Spielregeln. Ehe du überhaupt loslegst, mach dir am besten ein paar Gedanken darüber, auf welchem Weg du deine schriftliche Nachricht senden willst. Wieso das überhaupt wichtig ist? Weil sich nicht alle Möglichkeiten der Übermittlungswege gleich gut für jede Art von Botschaften eignen.

Auch hier spielen die verschiedenen Anlässe, „Spielfelder" und „Mitspielenden" eine ausschlaggebende Rolle. So praktisch und schnell E-Mails und SMS-Nachrichten auch sind: Für so manches eignet sich der Postweg nach wie vor besser. Beispiele: Glückwünsche zu besonderen Ereignissen wie (runden) Geburtstagen, Hochzeiten oder Hochzeitsjubiläen erfreuen nicht nur betagte Menschen als Brief oder schöne Glückwunschkarte meist mehr, als wenn sie per E-Mail oder SMS übermittelt werden.

In unserer Zeit, in der die Flut der elektronischen Nachrichten ständig wächst, bekommt ein Brief wieder einen herausgehobenen Stellenwert – besonders, wenn er handgeschrieben ist!

Darum wähle individuell den jeweils geeignetsten Übermittlungsweg. Die Faustregel dafür: Ist dir eine Angelegenheit sehr wichtig oder möchtest du jemandem zu einem besonderen Anlass deine Wertschätzung zeigen, schreibe am besten einen Brief. Und: Je älter ein Mensch ist, desto größer die Gefahr, dass er eine SMS oder E-Mail als „weniger wert" oder gar „liebloser" einstuft als einen Brief oder eine Karte.

Klar: Nicht nur unter euch Jugendlichen gibt es Technik-Fans. Auch viele Erwachsene freuen sich zum Beispiel am Geburtstag über ein Fax, eine SMS oder eine E-Mail, die vielleicht sogar mit Ton oder Bild daherkommt. Kennst du solche Vorlieben der Empfängerin oder des Empfängers, erleichtert dir das natürlich deine Entscheidung. Doch wie auch immer sie ausfällt: Sowohl Briefe und Karten als auch die digitale Korrespondenz wirken besser, wenn du die modernen Spielregeln dafür beherzigst.

Elf wichtige Korrespondenz-Spielregeln im Überblick

1. Anreden und Grüße sollen zum Vertrautheitsgrad zur Empfangsperson passen. Sie gehören auch in E-Mails und SMS-Nachrichten zum guten Stil. Nur, wenn zwei Personen oder eine Gruppe in ständigem E-Mail- oder SMS-Kontakt stehen, der einem Gespräch ähnelt, ist es nicht unhöflich, auf Anreden und Grüße zu verzichten.

2. Die „SMS-Aküsprache" ist unter euch Jugendlichen beliebt und witzig. Wenn die angesimste Person die Kürzel versteht, ist nichts dagegen einzuwenden. Bei allen anderen Korrespondenzwegen hingegen sind Abkürzungen unangebracht, miss- oder unverständliche sogar rücksichtslos.

3. Smileys sind ebenfalls nicht überall passend. In vertrauten Verbindungen machen sie bei E-Mails und „Short-Messages" Spaß. In offizieller Post sind sie fehl am Platz.

4. Bei einer E-Mail ist es wichtig, die Betreff-Zeile mit einem aussagefähigen Hinweis zu versehen. In Privatbriefen ist ein Betreff unüblich. Bei Geschäftspost wird die Zeile oft für einen Hinweis auf den Inhalt des Schreibens genutzt. Das Wort „Betreff" oder die Abkürzung „Betr." wird im Gegensatz zu einer E-Mail jedoch nicht davor gesetzt.

5. Geduzt werden im Schriftverkehr nur Personen, die auch mündlich geduzt werden. Das gilt auch für E-Mails und SMS-Nachrichten.

6. Komplette Kleinschreibung ist sehr lese-unfreundlich. Alles in Großbuchstaben zu verfassen, kann – wie bei einem Chat – als „Anschreien" empfunden werden. Für jede Art der schriftlichen Kommunikation gilt: Sie macht den besten Eindruck, wenn du sie möglichst ohne Rechtschreib- und Zeichensetzungsfehler verschickst und nach „ganz normalen" Dudenregeln schreibst.

7. Bei einer Brief-Adresse wird bei Erwachsenen „Frau" oder „Herrn" vor den kompletten Namen (also Vor- und Zunamen) gesetzt. Bei Jugendlichen und Kindern fehlen diese Zusätze.

8. Geht ein Brief an ein Paar, sollen beide mit kompletten Namen in der Adresse genannt werden. „Herrn Ottokar Altvater und Frau" ist out. „…und Frau" – wer ist das? Ein namenloses Anhängsel! „ …und Gattin" oder „ …und Gemahlin" sind noch „verstaubter". Ob bei der Anschrift die Frau oder der Mann an erster Stelle genannt wird, ist nicht genau festgelegt. Im internationalen Briefverkehr ist es üblicher, erst den Mann zu nennen. In Deutschland gilt es als höflich, den Namen der Frau an die erste Stelle zu setzen.

9. Bei einer schriftlichen Anrede an ein Paar ist die Reihenfolge hingegen festgelegt. Die Frau hat als „Gekrönte" auf dem privaten Spielfeld das Recht, an erster Stelle zu stehen. Im Beruf richtet sich die Reihenfolge laut „Kronenstory" nach der Hierarchie.

10. Personen, die einen akademischen Grad oder mehrere beziehungsweise andere Titel haben, werden mit diesen angeschrieben und angeredet (→ Seite 27).

11. „An den", „An die", „An das" sind altmodisch und überflüssig. Deshalb werden diese Zusätze heute ersatzlos gestrichen.

Der kleine „Alles-klar?-Check"
zur Korrespondenz

Bitte entscheide, welche der folgenden Behauptungen oder Aussagen deiner Meinung nach richtig oder die beste Lösung sind.

1. Alle heute möglichen Übermittlungswege für schriftliche Botschaften sind für jede Art von Nachrichten gleich gut geeignet.

    ☐ richtig   ☐ falsch

2. Anreden und Grüße sollen mit Blick auf die Vertrautheit zur Empfangsperson gewählt werden.

    ☐ richtig   ☐ falsch

3. Abkürzungen sind praktisch, weil Zeit und Platz sparend, und sollen deshalb bei jeder Korrespondenz so oft wie möglich eingesetzt werden.

    ☐ richtig   ☐ falsch

4. Eine moderne Anschrift ist zum Beispiel: „An die Eheleute Ottfried Altmann und Gattin".

    ☐ richtig   ☐ falsch

5. Werden in einem Brief mehrere Personen angesprochen, richtet sich die Reihenfolge nach der „Kronenstory".

    ☐ richtig   ☐ falsch

Auflösung für den kleinen „Alles-klar?-Check" zur Korrespondenz:

1. falsch, 2. richtig, 3. falsch, 4. falsch, 5. richtig

Inge Wolff

Der Knigge-Coach

Umgangsformen erfolgreich vermitteln

Tipps für Schule und zu Hause

UniversumVerlag **uv**

Inge Wolff
Der Knigge-Coach
Umgangsformen erfolgreich vermitteln
Tipps für Schule und zu Hause

Universum Verlag GmbH
Taunusstraße 54, 65183 Wiesbaden
Vertretungsberechtigte Geschäftsführer Siegfried Papst und Frank-Ivo Lube
Die Verlagsanschrift ist zugleich auch ladungsfähige Anschrift für die im
Impressum genannten Verantwortlichen und Vertretungsberechtigten.
Internet: www.universum.de
E-Mail: uv@universum.de

© 2005 by Universum Verlag GmbH & Co. KG
2. aktualisierte Auflage 2007
Redaktionelle Betreuung: Michael Jäger (verantw.), Katrin Minarek
Herstellung: Manfred Morlok
Gesamtgestaltung: Cicero Gesellschaft für Werbung und Kommunikation mbH,
Wiesbaden
Umschlagfoto: Wolfgang Schmidt, Pressefoto Chemnitz
Fotos: Ingram Publishing: S.10, S.18, S.40, S.62, S.94, S.112, S.152, S.164,
Photodisc/Getty Images: S.22, S.28, S.50, S.56, S.76, S.102, S.118, S.174
Druck: Media-Print GmbH, Paderborn

Die Beiträge in diesem Buch sind sorgfältig recherchiert und entsprechen dem ak-
tuellen Stand. Weder Autorin noch Verlag können für eventuelle Nachteile oder
Schäden, die aus den im Buch gegebenen praktischen Hinweisen resultieren, eine
Haftung übernehmen.

ISBN 978-3-89869-139-0

Die Autorin

Inge Wolff ist Expertin für moderne Umgangsformen. Neben ihren Tätigkeiten als Vorsitzende des Gremiums „Arbeitskreis Umgangsformen International" und Präsidentin der „Umgangsformen-Akademie Deutschlands e. V." veranstaltet sie Seminare und hält Vorträge. Die langjährige Chefredakteurin des Sammelwerks „Stil und Etikette" hat sich als Autorin zu den Themen moderne Umgangsformen, Kreativität und Kommunikation einen Namen gemacht. Die Fachbücher „Anti-Blamier-Knigge" und der zuletzt erschienene „Knigge im Job" sind einem breiten Publikum bekannt. Als Tanzlehrerin des „Allgemeinen Deutschen Tanzlehrerverbandes" (ADTV) und ausgebildete Tanz- und Ausdruckstherapeutin arbeitet Inge Wolff schon seit 1964 mit jungen Menschen.

Inhalt

Die Coaching-Seiten

Vorwort

Umgangsformen in hervorragender Weise vermitteln und Inge Wolff gehören zusammen. Seit vielen Jahren schätze ich ihre große fachliche Kompetenz sowie ihre
Tipps und Vorschläge rund um das Thema Kommunikation. Ihre Vermittlung moderner Ungangsformen und sozialer Kompetenz gibt sowohl Erwachsenen in ihren
Seminaren als auch Kindern und Jugendlichen wichtige soziale Hintergründe, die
den Lebensweg erleichtern werden.

Bereits seit Jahrzehnten gehören ihre Bücher und Referate – auf der Basis aktueller
Empfehlungen des Arbeitskreises Umgangsformen International – zur Ausbildung
der Tanzlehrerinnen und Tanzlehrer des ADTV.

Für ihre hervorragende Arbeit auf dem Gebiet der Umgangsformen wurde Frau
Wolff bereits mehrfach ausgezeichnet. Unter anderem mit der Verdienstmedaille
des Verdienstordens der Bundesrepublik Deutschland und mit der goldenen Ehren-
nadel des ADTV – Allgemeiner Deutscher Tanzlehrerverband.

Ich wünsche im Namen des ADTV den Lehrerinnen und Lehrern und allen, die mit
Kindern und Jugendlichen zu tun haben, viel Erfolg bei der Vermittlung der Inhalte
des vorliegenden Buches.

Cornelia Willius-Senzer
Präsidentin ADTV

Teil I:
Der Knigge-Coach

Welchen „Knigge" brauchen wir heute?

Die Wiege der „guten Kinderstube"

– ja, wo steht sie denn heute?

„Benimm-Unterricht an deutschen Schulen gefordert." „Die Deutschen klagen über wachsende Ruppigkeit." „Kinder haben kein Benehmen mehr!" Solche und ähnliche Schlagzeilen häufen sich seit einiger Zeit in den deutschen Medien. In Artikeln dazu wird der „Erziehungsnotstand" angeprangert, über „Werteverfall" geklagt und die Rückkehr zu „alten Werten" gefordert. Eine Reihe Politikerinnen und Politiker schätzen die Zustände an deutschen Schulen als dramatisch ein und fordern Benimm- und Werteunterricht. Gute Umgangsformen also als Politikum statt als Basis für ein angenehmes Miteinander und als wichtiger Wert für das Zusammenleben? Wer solches unterstellt, hat offensichtlich nicht begriffen, um was es bei „gutem Umgang" wirklich geht, dient weder der Sache, noch scheint er die Realität zu kennen.

Lehrerinnen und Lehrer stöhnen: „Was sollen wir denn noch alles tun? Wir haben ja kaum Zeit, den Lehrstoff ordentlich zu vermitteln!" Oder: „Erziehung ist doch wohl Elternsache. Schlimm genug, dass die Eltern sich heute nicht mehr genug darum kümmern. Wir in der Schule müssen es ausbaden." Oder: „Wenn Kinder nicht auch zu Hause zu gutem Umgang angehalten werden, hat die Schule doch keine Chance, dagegen anzukommen."

Eltern wiederum äußern oft die Meinung: „Die werden es in der Schule schon richten mit dem Benehmen" und finden Verantwortungsabgabe teilweise recht bequem. Oder sie stellen sich Lehrkräften gegenüber auf den Standpunkt: „Wagen Sie es ja nicht, sich in mein Erziehungskonzept einzumischen. Mein Kind soll sich frei entfalten können." Oder sie vertreten den Standpunkt: „Die Lehrer sollen sich nicht so anstellen. Schließlich werden sie dafür bezahlt, dass sie den Kindern was beibringen!"

Das Ergebnis dieser Diskrepanz sind neue Schlagzeilen wie: „Schulen und Elternhäuser uneins bei der Wertevermittlung", „Wertekonsens bei der Erziehung fehlt".

Alles nur übertriebenes Lamento? Die (bittere) Wahrheit? Eine Überreaktion Einzelner in der „Pisa-gebeutelten" Nation? Drei Fragen – dreimal die gleiche Antwort: „Jein". Zugegeben: Eine bei vielen Menschen ungeliebte Replik. Wer sich eingehend mit dem Thema „guter Umgang miteinander" beschäftigt, erkennt jedoch: Eindeutige „Ja-" oder „Nein-Antworten" würden eine Schwarzweißmalerei unterstützen, die weder der Lage noch dem Thema gerecht werden kann. Drei Gründe:

1. Grund: Stereotype-Denken ist ein „natürlicher Feind" guten Umgangs

„Die Lehrer", „die Schüler", „die Eltern", „die Jugend", „die Alten", „die Deutschen", „die Ausländer", „die Schulaufsichtsbehörde", „die Berliner" (Hessen, Sachsen, Bayern und alle anderen Bundesländer), die, die, die … Solche Urteilsschablonen – Stereotype – sind Vorstellungsklischees, die Gruppen von Menschen gern ungeprüft übergestülpt werden. Das führt sehr oft zu Fehl- und Vorurteilen. Stereotype können wie ein „Filter" wirken, der nur noch das an Wahrnehmung durchlässt, was ins vorgefertigte Image passt. Die tatsächlichen Qualitäten eines Menschen werden dadurch oft gar nicht beachtet, und die Tatsache, dass es in jeder Gruppe „solche und solche" gibt, wird vergessen. Ein Beispiel: Es gibt schlecht, aber auch viele gut erzogene Kinder. Ebenso gibt es Erwachsene, die höflich sind und solche, die sich – mindestens! – so schlecht wie unerzogene Kinder benehmen.

INFO

Bitte verdeutlichen Sie bereits Kindern, wie schädlich es für den Umgang miteinander ist, wenn in Gruppen-Pauschalurteilen gedacht und gehandelt wird. Sie können das mit den 1. Coaching-Seiten: Das „Du-gehörst-zu-einer-Gruppe"-Spiel (➜ Seite 16 und 17) unterstützen. Je nach Zeitbudget können Sie die Fragen gleichgeschlechtlich oder geschlechtsübergreifend beantworten lassen. Die Variante „Mädchen sagen über Jungen aus" und umgekehrt wird vermutlich mehr Vorurteile beinhalten, als wenn innerhalb der Geschlechtsgruppen beurteilt wird. Halten Sie die Kinder dazu an, die letzten Fragen gut zu durchdenken und wahrheitsgemäß zu beantworten. Wie auch immer diese Aussagen ausfallen: Es wird im Gesamtbild der Klasse deutlich werden, dass nicht alle Mädchen und Jungen über einen Kamm geschoren werden können.

2. Grund: Uneinigkeit bei der Antwort auf die Frage: „Wie viel Wert hat ein Wert?"

So verschieden Individuen in einer Gruppe sind, so unterschiedlich „wertvoll" sind für Menschen „Werte" – ethische, religiöse, politische, materielle, ästhetische. Was für die einen „höchste Tugend" ist, kann für andere „milde belächeltes Gehabe" sein. Zwar werden auch heute noch Werte davon bestimmt, welche Vorstellungen eine Gesellschaft als wünschenswert für das Handeln und Denken ihrer Mitglieder hat. Doch die Einigkeit, was als wünschenswert betrachtet wird, ist weniger stark ausgeprägt als früher. Die von Institutionen wie Kirche, Staat und Schule ehemals unverrückbar vorgegebenen Maßstäbe, wie es sie noch bis vor wenigen Jahrzehnten gab, werden als weniger verbindlich betrachtet und sind einem Wertepluralismus gewichen. Verschiedene kleine Gruppen, Familien und auch einzelne Menschen legen individuell fest, was für sie überhaupt von Wert ist und welchen Rang sie bestimmten Lebensprinzipien, ethischen und moralischen Grundsätzen oder sozialen Verhaltensformen einräumen. Sicher: Bei bestimmten Grundwerten wie Ehrlichkeit, Verantwortungsbereitschaft, Gerechtigkeit, Hilfsbereitschaft gibt es nach wie vor eine weitgehende Übereinstimmung bei der Einstufung ihrer Wichtigkeit. Bei Werten wie Treue, Fleiß oder Anpassungsfähigkeit hingegen scheiden sich oft schon die Geister.

Interessant ist in diesem Zusammenhang ein Blick auf die Einstellung der jungen Menschen in Deutschland dazu. Die Ergebnisse der 15. Shell Jugendstudie zeigen nämlich, dass der bereits in der vorherigen erkennbare Trend zu einigen der als traditionell bezeichneten Werte anhält. Die Tugenden Fleiß und Ehrgeiz sind weiter im Aufwind. Desgleichen gewinnt die Familie nach wie vor an Bedeutung. Harmonie in den eigenen vier Wänden steht zurzeit hoch im Kurs.

Schneller Wandel, generationsbedingte unterschiedliche Einstellungen und kulturell verursachte divergente Hintergründe erschweren natürlich das Finden eines Wertekonsenses und somit den Umgang miteinander. Auch die Diskussion um „neue" oder „alte" Werte und den „Werteverfall" trägt zur Verunsicherung bei. Kann ein Wert überhaupt ein Verfallsdatum haben wie Jogurt oder Tiefkühlkost? Verfällt nicht eher die Bereitschaft der Menschen, sich auf bestimmte Werte zu einigen und diese dann den Kindern zu vermitteln? Und wird nicht „neu" und „alt" viel zu oft mit „gut" und „schlecht" gleichgesetzt? Klar: Werte wandeln sich und mit ihnen Gesetze, Regeln, Normen, Vorschriften und Erlaubnisse, Sitten und Gebräuche, die vom Wertekodex einer Gesellschaft abhängig sind. Jedoch: Ist „neu" automatisch immer „gut" und „alt" zwangsläufig „schlecht"? Sicher nicht. Es ist unklug, vorschnell und unreflektiert jedes Novum als positiv zu preisen und zu praktizieren. Ebenso muss längst nicht alles Alte schlecht sein. Im Gegenteil: Oft wird der Wert von etwas erst dann erkannt, wenn er verloren gegangen ist und vermisst wird.

Deshalb scheint es sinnvoll, von „wieder entdeckten Werten" zu sprechen, wenn es um Höflichkeit und gute Umgangsformen geht. Um es direkt von Anfang an deutlich zu betonen: In diesem Buch geht es keinesfalls um „die Rolle rückwärts zum Benimm-Drill"! Im Gegenteil: Grundwerte des guten zwischenmenschlichen Umgangs wie Rücksichtnahme und Hilfsbereitschaft lassen sich besser vermitteln, wenn sie mit nachvollziehbaren Erklärungen und zeitgemäßen Regeln verknüpft sind. Auch die „gute Kinderstube" enthält heute andere „Möbel" als die des letzten Jahrtausends.

3. Grund: „Das Kind ist wohl mit dem Schnellzug durch die Kinderstube gefahren …"

…, seufzt so manch älterer Mensch oder hängt vielleicht den viel zitierten Satz an: „Die Jugend von heute hat eben kein Benehmen mehr!" Was eindeutig unter Stereotype-Denken fällt und schon deshalb verdient, angezweifelt zu werden.

Außerdem: Was unter „guter Kinderstube" oder „bravem Kind" verstanden wird, kann bei Erziehenden sehr verschieden sein. Besonders groß sind die unterschiedlichen Sichtweisen der Generationen. Natürlich ist das nichts Neues – Generationskonflikte sind wohl so alt wie die Welt. Neu ist jedoch das Ausmaß dieser Problematik in der heutigen Zeit. Das hat mehrere Gründe. Erstens werden Menschen heute dank medizinischer Fortschritte sehr viel älter als früher. Daher ist die ältere Generation heute zahlenmäßig weit stärker als noch im letzten Jahrhundert. Also gibt es viel mehr Menschen als früher, die sich über die „verlotterte Jugend" aufregen. Zweitens haben sich Umgangsformen in den letzten 20 Jahren rapide verändert. Auch das ist ein Novum unserer Zeit. Da viele Seniorinnen und Senioren diesen Wandel nicht „gespeichert" haben – oder sich dagegen sträuben –, klafft heute eine viel größere „Umgangsformen-Verständnis-Lücke" zwischen den Generationen als früher.

Dies jedoch „den Alten" (→ 1. Grund, Seite 12) allein anlasten zu wollen, wäre äußerst unfair. Ältere Menschen haben ein Recht darauf, die ihnen vertrauten Formen, die sie in ihrer Jugend gelernt und jahrzehntelang praktiziert haben, auch weiterhin anzuwenden und zu leben. Das Verständnis dafür bei Kindern und Jugendlichen zu wecken ist genauso Bestandteil der heutigen „guten Kinderstube", wie die modernen Umgangsformen zu vermitteln. Wo deren Wiege allerdings heutzutage steht, bleibt die große Frage. Natürlich sollte sie im Elternhaus zu finden sein. Die Erziehung zu sozialen Fähigkeiten beginnt im Kleinstkindalter, im Grunde genommen nach der Geburt. Nicht immer jedoch haben Kinder das Glück, zu Hause optimal für ihren Lebensweg vorbereitet zu werden. Deshalb bleibt nur, nach Lösungen zu suchen, wie Kindern trotzdem ein angemessenes Sozialverhalten vermittelt werden kann. Dazu muss dann wohl „die Wiege" erst im Kingergarten aufgestellt und beim „Umzug" in die Schule als „Kinderbett" mitgenommen werden.

Das „Du-gehörst-zu-einer-Gruppe-Spiel"

Das „Du-gehörst-zu-einer-Gruppe-Spiel"

Viele Menschen verbauen sich gute und angenehme Beziehungen zu anderen, weil sie Pauschalurteile über sie fällen. Meistens sind das Voreingenommenheiten – bei neuen Bekanntschaften – oder Vorurteile, die ungerecht und unwahr sind. Lasst uns das am Beispiel: „die Mädchen" – „die Jungen" erforschen.

Was fällt dir ein, wenn du an die Gruppe: „die Mädchen" denkst? Schreibe die Eigenschaften, Verhaltensweisen oder Fähigkeiten auf, die du für typisch hältst.

1.

2.

3.

4.

Was fällt dir ein, wenn du an die Gruppe: „die Jungen" denkst? Schreibe die Eigenschaften, Verhaltensweisen oder Fähigkeiten auf, die du für typisch hältst.

1.

2.

3.

4.

Kennst du ein Mädchen, das alle diese Merkmale hat?

Ja, sie heißt

☐ Nein

Kennst du ein Mädchen, das nur wenige oder kaum eines dieser Merkmale hat?

Ja, sie heißt

☐ Nein

Kennst du einen Jungen, der alle diese Merkmale hat?

Ja, er heißt

☐ Nein

Kennst du einen Jungen, der nur wenige oder kaum eines dieser Merkmale hat?

Ja, er heißt

☐ Nein

„Ach, macht doch einfach was ihr wollt – ich tu's auch!"

„Begriffe ohne Anschauung sind leer." Dieser Satz von Immanuel Kant spricht für sich. Kinder lernen vorrangig durch das Beobachten und Imitieren von Erwachsenen. Richtiges Verhalten muss vorgelebt werden, wenn Sie berechtigte Hoffnung auf Erfolg bei der Kindererziehung haben wollen. Und: Gute Umgangsformen müssen im Alltag gelebt und ständig miteinander praktiziert werden, statt sie in Ausnahmesituationen plötzlich zu verlangen. Nur dann werden sie zur „zweiten Natur", die es einem Menschen ermöglicht, authentisch agieren zu können.

Ein Beispiel aus dem Schulleben: Gerade hat es zum Ende der großen Pause geläutet. Der aufsichtsführende Lehrer betritt mit einer Referendarin, die neu an der Schule ist, das Gebäude, um zum Klassenraum für seine nächste Stunde zu gehen. Da kommen zwei Schülerinnen auf ihn zugelaufen und leihen sich seine Schlüssel aus. „Was soll denn das?" fragt die Referendarin erstaunt. „Ach, wissen Sie, wir haben da so einige im Kollegium, die notorisch zu spät in eine Klasse gehen, besonders nach den großen Pausen. Da dann die Klassenräume abgeschlossen sind, müssen die Kinder auf dem Flur herumstehen und warten. Das finden sie nicht toll. Und weil sie mich kennen und wissen, dass ich großen Wert auf Pünktlichkeit lege, somit Verständnis für ihre unerfreuliche Lage habe, holen sie sich eben von mir schnell den Schlüssel, damit sie wenigstens aufschließen und im Klassenraum warten können. Außerdem ist das ja auch besser, damit diejenigen nicht durch Krach auf dem Flur gestört werden, die pünktlich anfangen."

Warum das „Einbahnstraßen-System" eine Sackgasse ist

Vielen Erziehenden scheint nicht bewusst zu sein, dass es unmöglich ist, gute Umgangsformen im „Einbahnstraßen-System" einzufordern. Wie sollen Kinder den Wert von Pünktlichkeit erkennen, wenn ihr nicht einmal in der Schule Bedeutung beigemessen wird?

Im Kleinkindalter lernen die Steppkes vorrangig durch das Imitieren der Erwachsenen um sie herum. Eltern sind die ersten und wichtigsten Vorbilder, natürlich im Verbund mit weiteren Familienmitgliedern wie den Großeltern, Tanten, Onkeln und anderen. Doch auch in späteren

Jahren prägt das Verhalten „der Großen" maßgeblich das der heranwachsenden Kleinen. Dabei spielen Lehrerinnen und Lehrer neben dem Elternhaus eine große Rolle. Sie sind allein schon durch ihren Status prädestiniert dafür, dass Kinder sie zu Vorbildern wählen. Das passiert oft völlig unbewusst und kann bis zur Schwärmerei gehen, ähnlich dem Fan-Gehabe um Stars und solche, die sich dafür halten. Gerade in dieser Szene gibt es reichlich schlechte Vorbilder. Deshalb ist es umso wichtiger, dass die Erwachsenen im Umfeld der Kinder darauf achten, ihnen positive, nachahmenswerte Leitfiguren zu sein.

Getue? Maske? Lüge? – Höflichkeit richtig verstehen

Sicher kennen Sie Erwachsene, bei denen bestimmte Verhaltensweisen wie aufgesetztes Getue wirken. Oder solche, bei denen Sie das Gefühl haben, sie würden gewisse Manieren wie eine Maske, die nur in bestimmten Momenten aufgesetzt wird, zur Schau tragen. Vielleicht sind Ihnen auch schon jene begegnet, deren eiskalte Höflichkeit eher verletzt, als angenehme Empfindungen zu wecken. Oder diejenigen, die gute Umgangsformen mit „sich einschleimen" oder lügen verwechseln. Vermutlich sind Ihnen solche Menschen ziemlich unsympathisch – und damit sind Sie in bester Gesellschaft! Höflichkeit richtig interpretiert hat mit all dem nicht das Geringste zu tun. Es geht um eine Grundhaltung anderen Menschen gegenüber, eine innere positive Einstellung zu ihnen, die sich in kleinen wie in großen Dingen äußert. Kindern dies vorzuleben, ist ein erstrebenswertes Ziel. Dazu zählt auch, ihnen zu vermitteln: Es gibt keine Umgangsformen-Regel, die zum Lügen anleitet (→ Seite 141)!

Lügen haben nicht nur die sprichwörtlichen kurzen Beine. Sie können auch zum Bumerang werden sowohl bei der Erziehung im Allgemeinen als auch bei der richtigen Höflichkeit. Wenn Kinder erleben müssen, dass zum Beispiel ihre Eltern aus falsch verstandener Artigkeit lügen, verlieren diese erstens ihre Glaubwürdigkeit. Zweitens werden Kinder es dann für legitim halten, dass sie ebenfalls lügen und mit Unverständnis oder gar Bockigkeit auf die Ermahnungen zur Ehrlichkeit reagieren.

Bitte bedenken Sie auch: Kleine Kinder können den Unterschied zwischen Notlüge oder Höflichkeitslüge und „schlimmer" Lüge nicht verstehen. Und auch ältere Schulkinder werden Schwierigkeiten haben, ihn zu begreifen, wenn sie beispielsweise Folgendes erleben: Weil die Familie einen verlängerten Wochenendurlaub gemacht hat, bekommen sie von Mutter oder Vater eine Entschuldigung für die Schule wegen Krankheit in die Hand gedrückt. Oder sie erhalten diesen „Freischein", weil sie keine Hausaufgaben gemacht haben oder sich vor einer Klassenarbeit drücken möchten. Ein solches Verhalten ist Stimulanz zum Lügen. Wer es praktiziert, braucht sich nicht zu wundern, wenn sein Kind es mit der Ehrlichkeit nicht so genau nimmt. Oder sich später, wenn es volljährig ist, selbst einen „Krankenschein" ausstellt.

An einem **Strang ziehen** – und zwar **bitte in die gleiche Richtung**

Unterschiedliche Verhaltensregeln im Elternhaus und in der Schule stürzen Kinder in ein Dilemma. Sie werden verunsichert statt gestützt und können keine klaren Grenzen erkennen (→ Kapitel: Ich bin ein Individuum – diese Freiheit nehme ich mir!, ab Seite 50), die es ihnen erleichtern würden, ihre Persönlichkeit zu stärken. Schlimmstenfalls entwickeln sie Feindbilder – oft gegen die Schule. Ebenso große Schwierigkeiten bereitet es Kindern, wenn ihnen innerhalb dieser Institutionen Widersprüchlichkeiten begegnen. Deshalb ist es enorm wichtig, dass Erziehende an einem Strang ziehen – und zwar beim Aufstellen, Durchsetzen und Vorleben der Regeln des guten Umgangs.

Bitte stellen Sie sich einmal Folgendes vor: Sie bekommen in Ihrem Beruf – zum Beispiel in der Schule – fünfmal am Tag einen neuen „Boss" vorgesetzt. Und jede dieser Führungskräfte hat völlig andere Vorstellungen davon, wie Sie Ihre Arbeit ausführen oder sich verhalten sollen. Wie würden Sie darauf reagieren? Mit Freude? Wohl kaum. Die meisten Berufstätigen stöhnten sicher laut auf und gäben Kommentare ähnlich diesem ab: „Aber um Himmels willen. Das kann doch gar nicht funktionieren! Wer soll denn noch einigermaßen wissen, wo's lang geht, wenn fünfmal am Tag alles über den Haufen geworfen wird? Da würd' ich ja glatt verrückt werden." Haben Sie schon einmal den Vergleich zu Schulkindern gezogen? Denen geht es nämlich oft genau so, wenn nicht noch schlimmer: Morgens in der Schule erleben sie mehrere Lehrerinnen und Lehrer, oft im Stundentakt, bis zu sechs verschiedene pro Tag. Dann ab nach Hause: neue „Bosse". Je nach Familienstruktur noch einmal ein bis zwei – eventuell sporadisch auftauchende Omas und Opas nicht mitgerechnet – die dann ihre Vorstellung vom „Arbeitsablauf" – sprich: Erziehung – durchsetzen wollen.

Sie meinen, dies sei aber nun wirklich eine zu überspitzte Metapher? Das ist für die Kinder zu hoffen, obwohl leider viel zu viel Wahres daran ist. Eltern vertreten häufig einen völlig anderen Erziehungsstil als die Schule. Großeltern fühlen sich teilweise von jeglichen Erziehungspflichten befreit und genießen es, ganz bewusst „Verzieher" zu sein. Innerhalb eines Kollegiums gibt es viel zu oft Uneinigkeiten selbst über die einfachsten Regeln des Umgangs. Der eine Kollege findet es völlig in Ordnung, wenn im Unterricht gegessen wird. Seine Kollegin, die die nächste Stunde gestaltet, verbietet es. Mal darf Kaugummi gekaut werden, mal nicht. Der Kumpeltyp lässt sich von den Schülerinnen und Schülern duzen. Der nächste Kollege empfände das als Beleidigung. Mal dürfen Baseballkappen im Klassenraum aufbehalten werden, mal müssen sie runter. In manchen Stunden können die Kinder aufstehen und zum Papierkorb laufen, wann immer sie möchten. Etwa, um ein Papiertaschentuch zu entsorgen. Wenige Minuten später wird ihnen erklärt, dass es unhygienisch sei, so etwas zu tun, und dass außerdem niemand ohne Erlaubnis in der Klasse herumzurennen habe. Diese

Aufzählung erhebt keinen Anspruch auf Vollständigkeit der Widersprüchlichkeiten, die Kinder allein in der Schule einsortieren lernen müssen!

Und dann noch die weiteren Abweichungen, die seitens des Elternhauses auftauchen. Heißt es dort vielleicht: „Sohn, lass dir nichts gefallen! Wehre dich, wenn nötig mit Fäusten!", steht dem der Rüffel in der Schule entgegen: „Du kennst unsere Regeln. Hier wird nicht geschlagen!" Findet eine junge oder jung gebliebene Mutter es völlig in Ordnung, ihre Tochter mit bauchfreien Klamotten und Nabelpiercing zur Schule gehen zu lassen, „verhüllt" eine Schulaktion diese Freizügigkeit vielleicht durch ein überdimensional großes T-Shirt (➜ Seite 177). Auf wen wird das Mädchen wohl schimpfen? Auf die „coole Mama" oder die „blöde Schulleitung"? Wie wird der Junge mit dem inneren Zwiespalt fertig, ob er einen Konflikt mit Fäusten oder mit Worten lösen soll?

Einigkeit macht stark – auch bei der Erziehung

Uneinigkeit zwischen Schule und Elternhaus wird auf dem Rücken der Kinder ausgetragen und erschwert ihnen das Zurechtfinden im Leben, schadet ihnen damit sogar. Wissentlich wird das wohl kein Erwachsener einem Kind antun wollen. Es ist sicher nur Unüberlegtheit oder Gedankenlosigkeit, wenn der Aspekt „Uneinigkeit" außer Acht gelassen wird. Denn: Eines eint die meisten Erziehenden – sie wollen „nur das Beste" für ihre Kinder.

Deshalb sollte es ohne allzu große Schwierigkeiten möglich sein, dass Elternhaus und Schule bei Verhaltensfragen an einem Strang ziehen.

Und zwar miteinander statt gegeneinander. Gleiches gilt für ein Kollegium. An vielen Schulen gibt es übereinstimmende Absprachen. Ob diese in einer „Schulordnung", einem „Sittenkodex", als „Regelkatalog" oder unter anderen Titeln festgehalten werden, ist zweitrangig. Sicher: Auch der Name kann förderlich oder hinderlich sein (→ Vorschläge, Seite 32). Doch primäre Wichtigkeit hat, dass diese gemeinsam erstellten Regeln allen bekannt sind – auch den Eltern! Dies gilt ebenfalls für so genannte Erziehungsvereinbarungen, die es in einigen Bundesländern gibt. Sie enthalten den gewünschten Verhaltenskodex für die Schule. Solche Übereinkünfte können allerdings ebenfalls nur dann Erfolge bringen, wenn sie von allen Beteiligten mitgetragen, unbeirrbar eingehalten und Regelverstöße auf angemessene Weise mit Konsequenzen belegt werden. Und: Hier kommt wieder die Vorbildfunktion, in diesem Fall von Lehrkräften, ins Spiel.

Vorbild? Wunschbild? Zerrbild?

In der Mensa einer Ganztagsschule hängt ein riesengroßes Plakat an der Wand. Es nennt die Regeln, die für das gemeinsame Essen aufgestellt wurden. Jede Zeile beginnt mit „wir" – sicher in diesem Fall eine förderliche Ausdrucksweise, weil es die Erwachsenen einschließt. Eine der Zeilen lautet: „Wir setzen uns beim gemeinsamen Essen, stehen während des Essens nicht auf und laufen nicht essend im Raum herum." Eine Regel, die bestimmt auch gern von Eltern unterstützt wird und die den Kindern sicher längst zu Hause beigebracht worden ist. Doch was passiert in der Mensa? Zwei der aufsichtsführenden Lehrerinnen wandern essend zwischen den Tischen umher. Die eine löffelt genüsslich einen Jogurt. Die andere verspeist einen knackigen Apfel. Was sollen die

Kinder wohl davon halten? Dass Regeln für Lehrerinnen nicht gelten? Dies wäre das fatale „Einbahnstraßen-System" des Einforderns. Dass Jogurt und Äpfel ausgenommen sind? Davon steht aber nichts auf dem Plakat, also wird die Glaubhaftigkeit der dort veröffentlichten Regeln insgesamt in Frage gestellt. Oder, dass die vereinbarten Verhaltensrichtlinien nur „Papiertiger" sind, die keine Bedeutung haben? Das wirkt auf die Kinder wie eine Einladung zum Regelbruch.

Selbsterkenntnis ist der erste Schritt zum Konsens

Auch Mütter und Väter vernachlässigen oft ihre Vorbildfunktion und setzen damit die sonst vertretenen Regeln außer Kraft oder stellen sie zumindest in Frage. Deshalb sollte der Konsens zwischen Schule und Elternhaus auch das „An-die-eigene-Nase-Packen" beinhalten. Eine angemessene Selbstkritik aller Erziehenden hilft, Verhaltensdefizite bei den Kindern abzubauen, Schwierigkeiten zu erkennen und sie somit besser aus dem Weg räumen zu können. Selbstkritik ist auch gefragt, wenn Ansichten zu „richtigem" oder „falschem" Verhalten zwischen Elternhaus und Schule voneinander abweichen. Es wäre unrealistisch zu glauben, dass es immer zu einer Übereinstimmung kommen kann.

Besonders schwierig wird es, wenn unterschiedliche kulturelle Hintergründe oder hartnäckiges Bestehen auf dem eigenen Erziehungskonzept die Differenzen bestimmen. Seien Sie auch in diesem Fall Vorbild für die Kinder. Zeigen Sie ihnen durch Ihr Umgehen mit der „Gegenpartei" – Schule oder Elternhaus –, was wechselseitiges Respektieren bedeutet.

Stellen Sie die „anderen Regeln" statt als „minderwertig", „unmöglich", „falsch" einfach nur als „anders" dar. Verschiedene Ansichten zu haben oder sich divergent zu verhalten ist nicht automatisch gleichzusetzen mit „schlechter" oder „weniger wert" – es ist eben lediglich „anders". Das gilt auch für unterschiedliche Verhaltensformen in anderen Ländern. Kinder sind sehr wohl in der Lage, das zu begreifen. Ebenso, sich verschiedenen Situationen durch variables Verhalten anzupassen.

INFO

Analog zu allen modernen Umgangsformen, die immer situationsgerecht angewendet werden sollen, können Sie erklären: „In der Schule gibt es einige Regeln, die wir zu Hause anders handhaben (oder umgekehrt). Es ist das Recht einer Gemeinschaft, wie in der Familie oder in der Schule, interne Regeln abzusprechen. Doch die haben nicht automatisch überall ihre Gültigkeit. Besonders, wenn sie von dem abweichen, was allgemein üblich ist, gelten sie nur innerhalb dieser Gruppe. Außerdem kann nur der Mensch ein anerkanntes Mitglied einer Gemeinschaft sein, der sich an deren Regeln hält. Beispiel: Wenn du Mitglied in einem Sportverein bist und die jeweiligen Spielregeln bei einem Mannschaftssport missachtest, wirst du aus der Mannschaft ausgeschlossen, bei groben Verstößen gegen die Vereinssatzung sogar ganz aus dem Sportverein."

„Das **tut man,**
weil es sich so gehört!"
– Wie sag' ich's
meinem Kinde?

Fast jeder Mensch entwickelt Aversionen, wenn er Instruktionen folgen soll, deren Hintergrund er nicht versteht. Bei Kindern und Jugendlichen rufen nicht nachvollziehbare Anweisungen meist Bockigkeit auf den Plan – gerade, wenn es um Verhaltensfragen geht. Mit Erziehungsplattitüden, von denen es weit mehr gibt als das Beispiel in der Überschrift, werden Trotzreaktionen eher gefördert statt Verständnis dafür geweckt, warum gute Umgangsformen wichtig sind. In diesem Kapitel finden Sie viele Tipps, mit welchen Begriffen und Erklärungen Sie bei der Erziehung zur sozialen Kompetenz bessere Karten und mehr Hoffnung auf Erfolg haben.

Stellen Sie sich bitte vor: Sie wünschen eine Erklärung, warum ein bestimmtes Detail bei Ihrer beruflichen Tätigkeit genau so und nicht anders von Vorgesetzten gefordert wird. Die Erwiderung auf Ihre Frage lautet: „Weil wir das schon immer so gemacht haben!" Oder: „Weil das eben so sein soll!" Oder: „Weil wir halt so unsere Prinzipien haben!" Würden Ihnen solche Entgegnungen gefallen? Wären Sie mit diesen Aussagen zufrieden gestellt? Mit ziemlicher Sicherheit lautet Ihre Antwort zweimal „Nein!"

Wie könnten Sie sich auch nur halbwegs wohl fühlen nach solchen Auskünften?! Sie enthalten keinen wirklich nachvollziehbaren Grund, warum etwas getan oder gelassen werden soll. Es sind – gelinde ausgedrückt – abgedroschene Phrasen, deutlicher bezeichnet: „Totschlag-Argumente", auch „Killerphrasen" genannt.

Und nun versetzen Sie sich bitte in die Rolle eines Kindes oder fühlen sich zurück in die Kindheit und lassen die folgenden Mama-Sprüche, Papa-Sätze und Erziehungsplattitüden auf sich wirken: „Das tut man nicht, weil es sich nicht gehört!" „Lass das, so was tut man nicht!" „Benimm dich endlich!" „Früher hatte man Respekt vor Erwachsenen!" „Hör auf – das gehört sich nicht!" „Mit vollem Mund spricht man nicht!" „Du wirst schon sehen, was du davon hast, wenn du dich nicht benehmen kannst!"

Diese Aufzählung erhebt keinen Anspruch auf Vollständigkeit. Sie bietet jedoch wohl eine Übersicht der am meisten gebrauchten Aussagen Erwachsener, die Kindern gutes Benehmen nahe bringen wollen. Doch sind solche Sätze dafür geeignet? Machen sie Kindern deutlich, was gutes Benehmen (Benimm, Manieren oder welches Wort auch immer) überhaupt bedeutet? Liefern sie auch nur *einen* nachvollziehbaren Grund, warum das wichtig und gut sein soll? Drei gleiche Antworten: „Nein!", „Nein!", „Nein!" Diese Aufzählung besteht samt und sonders aus „Erziehungskillerphrasen". Das einzig Positive, das man ihr unter Aufbietung größten Entgegenkommens zuschreiben könnte, ist: Die Aussagen schreien geradezu nach Warum-Fragen. Doch was, wenn die seitens der Kinder ausbleiben? – was mit ziemlicher Sicherheit bei älteren Schulkindern der Fall sein wird, weil sie erstens aus dem Warum-Fragealter heraus sind und zweitens bei diesen Standard-Ermahnungen ohnehin auf Durchzug schalten. Dann ist eine wertvolle Chance vertan, die Wichtigkeit guter Umgangsformen und deren Basis für Kinder deutlich zu machen. Deshalb ist es empfehlenswert, solche Erziehungsplattitüden durch nachvollziehbare Erklärungen zu ersetzen und dafür Ausdrücke zu wählen, die bei den Kindern Verständnis und eine positive Einstellung zum Thema wecken.

INFO

Vermeiden Sie bei Ihren Ausführungen über gute Umgangsformen Begriffe wie: Etikette, Manieren, Benimm, Betragen, Benehmen, Schliff, Zucht, Anstand. Sie wirken verstaubt, erwecken teils Assoziationen zu „Drill" oder „Rohrstock" und können bei Kindern Aversionen gegen das Thema aufkommen lassen. Verwenden Sie besser Ausdrücke wie: Verhalten, (moderne) Umgangsformen, Fairplay, Spielregeln.

Ausdrücke, die keineswegs nur Begriffsstutzige stutzen lassen

Vielleicht haben Sie sich eben beim Lesen des Info-Kastens gefragt: „Was um alles in der Welt ist gegen das Wort „Benehmen" einzuwenden?" Nun, es ist in der Aufzählung eines der am wenigsten „Aversionsweckenden". Trotzdem gibt es dafür eine bessere Alternative: Verhalten. Darin ist unterschwellig die „Haltung" zu spüren, die den Mitmenschen gegenüber an den Tag gelegt wird, ebenso das „Verhältnis", die Beziehung also, die zwischen Menschen ent- oder besteht. Außerdem liegen Assoziationen zu verwandten Wörtern wie „aushalten", „einhalten", „erhalten" nahe, die viel mit angenehmem Umgang zu tun haben. Sich anderen gegenüber auf die richtige Weise zu „verhalten", hat eine andere emotionale Qualität, als sich zu „benehmen".

Das Wort „Umgangsformen" – noch dazu, wenn es den Zusatz „moderne" bekommt – mag langatmig erscheinen. Doch es eignet sich hervorragend für folgende Erklärung:

„Komm, spiel mit mir …"

… hört sich ein wenig nach Kindergarten an. Doch auch für Jugendliche ist der Vergleich zu „miteinander spielen" gut, um ihnen den Sinn von Umgangsformen-Regeln nahe zu bringen. Die Bezeichnung: „Spielregeln des Miteinanders" oder „Spielregeln für das Leben in der Gemeinschaft" ist für sie leicht mit Inhalt zu füllen. Schon kleine Kinder haben erfahren, dass ein gemeinsames Spiel nur funktioniert, wenn sich die Mitspielenden an übereinstimmende Regeln halten. Größeren ist es selbstverständlich, dass es bei (Mannschafts-)Sportarten Spielregeln gibt. Ebenso, dass dort Regelverstöße geahndet werden und im schlimmsten Fall zur Disqualifikation führen. So ist es für Kinder nachvollziehbar, wenn sie Folgendes erklärt bekommen: „Das Miteinanderleben kann nur dann gut funktionieren, wenn sich die Menschen an bestimmte Spielregeln halten. Das ist wie im Sport oder bei Gesellschaftsspielen. Stell dir bitte mal Folgendes vor: Du willst mit deiner Fußballmannschaft gegen eine andere antreten, die nach Handballregeln spielen will. Oder bei einem Tennis-Match beruft sich einer auf Badminton-Regeln. Oder ihr spielt in der Familie Monopoly und eine Person besteht darauf, wie bei ‚Mensch ärgere dich nicht' immer alles vom Feld zu schubsen, wenn sie darauf kommt, inklusive der Häuser. Na, was meinst du? Klar: Das kann ja nicht klappen, Zoff ist so gut wie programmiert. Und genauso ist das beim Zusammenleben und -arbeiten von Menschen, wenn sie sich nicht an bestimmte Regeln halten."

Der Begriff „Fairness" oder „Fairplay" ist in diesem Zusammenhang ebenso gut zu gebrauchen, zum Beispiel auch, um einer Schulordnung einen Namen zu geben. Sie könnte „Fairplay-Regelkatalog" oder „Fairness-Regeln in der Schule" genannt werden. So, wie es im Sport unfair ist, sich regelwidrig zu verhalten, ist es das auch im Umgang miteinander. Fairness steht in diesem Fall für: andere Menschen zu respektieren, ihnen Wertschätzung entgegenzubringen, Toleranz und Akzeptanz zu üben, hilfsbereit und rücksichtsvoll zu sein. Unfair ist es, andere dadurch zu missachten, indem sie übergangen, zurückgesetzt oder ausgeschlossen, geringschätzig, ungerecht und unhöflich behandelt oder diskriminiert werden.

Bitte verdeutlichen Sie, dass es keinesfalls um „Respekt als Selbstzweck" geht. Gutes Verhalten anderen Menschen gegenüber soll nicht mit „Position" oder „Status" gekoppelt sein. Deshalb ist es empfehlenswert, das Wort „Wertschätzung" ins Spiel zu bringen, die jeder (!) Mensch, unabhängig von seinem „Rang" verdient. Außerdem zählt es zu den wichtigsten sozialen Bedürfnissen der Menschen, von anderen Wertschätzung zu erfahren. Dieser Wunsch ist mit dem Praktizieren von – selbst kleinen – „Höflichkeits-Messages" nicht nur problemlos, sondern sogar kostenlos (!) zu erfüllen. Ein Beispiel: Pünktlichkeit. Wer sie als „Wert" versteht – was sie zweifellos als enge Verwandte der Zuverlässigkeit ist – drückt gleichzeitig seinen Mitmenschen gegenüber seine „Wert"-schätzung aus: Du bist mir so viel wert, dass ich deine wertvolle Zeit nicht dadurch verplempere, dass ich dich warten lasse! Die Umkehrung: Wer nachlässig mit der Zeit anderer umgeht, ist rücksichtslos.

INFO

Lassen Sie die Kinder im Unterricht, gegebenenfalls mit Ihrer unterstützenden Hilfe, selbst herausfinden, was an den alten Sprüchen ab Seite 33 brauchbar oder sinnlos ist. Dafür können Sie den „Sprüche-TÜV" (➔ 2. Coaching-Seiten, Seite 36 und 37) nutzen.

Alte Sprüche, dumme Sprüche?

Es gibt eine Reihe alter Sprichwörter, die keineswegs komplett dumm sind. Sie verdeutlichen die Wechselbeziehung zwischen Menschen ebenso, wie es auf Seite 31 zu „Umgangsformen" dargestellt wird. Trotzdem helfen sie bei der Erziehung zum richtigen Verhalten nur dann weiter, wenn sie hinterfragt und mit Erklärungen „unterfüttert" werden. Eines allerdings haben die drei Sprüche nicht nur gemeinsam, sondern ist auch eindeutig richtig: Es gibt immer das „Ich und Du", das „Wir und Ihr", die „zwei Seiten", wenn es um Umgang miteinander geht. Und nur, wenn alle bemüht sind, sich an die Spielregeln, das Fairplay, zu halten, stimmt das Fazit:

> Mit guten Umgangsformen wird das Leben erfreulicher und stressfreier.
> Überlegtes und angemessenes Verhalten verbessert die Kommunikation.
> Wer sich an die Spielregeln des Zusammenlebens hält, trägt nicht nur dazu bei, anderen das Dasein zu erleichtern, sondern hat selbst den großen Vorteil, dass sein Alltag angenehmer und problemloser wird.

Vorschläge für die Ausarbeitung des „Sprüche-TÜV" (→ 2. Coaching-Seiten, Seite 36 und 37)

1. Wie du mir, so ich dir!

Dieser Spruch ist aus zwei Gründen nicht ungeprüft richtig. Erstens vermittelt er den Eindruck, als ob sich immer nur die Reaktion auf etwas, was andere getan haben, auf den Umgang miteinander auswirkt. Doch das ist natürlich nur „die halbe Miete". Es muss also auch die Umkehrung: Wie ich dir, so du mir! bedacht werden. Zweitens schließt dieser Spruch aus, dass Menschen sehr wohl die freie Entscheidung haben, ein „Verhaltensangebot" anderer nicht auf die gleiche Art zu erwidern. Dazu können Sie die Jugendlichen als weiterführende Aufgabe Beispiele finden lassen. Hier einige Ideen dazu:

> Ich werde von jemandem angeschrieen, kann mich jedoch entscheiden, ruhig zu bleiben.
> Ich werde nicht gegrüßt, kann es aber trotzdem tun.
> Ich höre kein „Bitte" oder „Danke", kann es dennoch sagen.
> Ich werde brummig angesprochen, kann gleichwohl freundlich bleiben.
> Ich fühle mich unfair behandelt, kann hingegen fair bleiben.

Fazit: Die Retourkutsche auf ein Verhalten ist nicht zwingend notwendig. Jeder Mensch kann schlechtes Verhalten und Unhöflichkeit eindämmen, indem er sein gutes Beispiel dagegen setzt. Dass dazu guter Wille, Kraft und Selbstdisziplin gehören, ist unbestritten!

2. Wie man in den Wald hineinruft, so schallt es heraus!

Hier fehlt, wie im ersten Spruch, die Umkehrung. Jetzt allerdings in die andere Richtung: Auch, wie etwas „aus dem Wald" bei mir ankommt, beeinflusst meinen Umgang mit der „rufenden" Person. Ebenso gilt das, was zur freien Entscheidung gerade beschrieben wurde, auch für den „identischen Schall". Trotzdem macht dieses Sprichwort viel Sinn, wenn es unter einem psychologischen Aspekt betrachtet wird. Es ist bewiesen, dass es den Umgang zwischen Menschen sehr erleichtert, wenn sie eine positive Grundstimmung haben. Diese wird erschwert oder sogar total ins Negative verkehrt, wenn sie mit Unfreundlichkeit, Frechheit, Unhöflichkeit, Brummigkeit oder noch Schlimmerem wie Beleidigungen konfrontiert werden. Ist die Grundstimmung dadurch schlecht (geworden), erhöht sich die Gefahr der Retourkutsche. Ruft jemand hingegen freundlich „in den Wald", steigert sich seine Chance ganz erheblich, beim Gegenüber eine positive Grundstimmung zu erzeugen oder zu erhalten. Somit wird durch einen entsprechend günstigen „Schall" die Kommunikation erleichtert und verbessert.

3. Was du nicht willst, dass man dir tu', das füg auch keinem anderen zu!

Auch dieses Sprichwort ist mit kleinen Einschränkungen zu betrachten. Erstens, weil das Empfinden der Menschen sehr unterschiedlich ist. Was einer Person noch ganz erträglich oder sogar völlig in Ordnung erscheint, kann einer „dünnhäutigeren" bereits gewaltig zusetzen. Diese Unterschiede können Sie in einer weiterführenden Aufgabe mit den Kindern herausarbeiten. Lassen Sie erzählen oder an die Tafel schreiben, was die Einzelnen als störend, unhöflich oder kränkend empfinden, wenn sie es von anderen „zugefügt" bekommen. Oder nutzen Sie dafür den kleinen Selbst-Check: Frust und Ärger auf den 3. Coaching-Seiten, Seite 38 und 39. Es weist auf einen wichtigen Aspekt der Kommunikation hin: Auf das, was unterbleibt. Viele Menschen verstehen unter Kommunikation vorrangig die sprachliche Verständigung und im Allgemeinen nur das, was stattfindet. Motto: „Wenn ich nichts tue, kommuniziere ich doch nicht!" Doch das ist ein Irrglaube. Einer der bekanntesten Verhaltenswissenschaftler, Paul Watzlawick, hat das in den Satz gekleidet: „Man kann nicht nicht kommunizieren." Und auch, wenn das „… nicht nicht …" auf den ersten Blick wie ein Druckfehler wirken mag, stimmt seine Aussage. Oft sind es gerade die „Unterlassungssünden", die den Umgang miteinander stören. Beispiele: ein unterlassener Gruß, ein vergessener Dank, ein verunsicherndes Schweigen nach einer gestellten Frage.

Der zweite Grund, warum das Sprichwort erklärungsbedürftig ist, findet sich im Generationskonflikt (→ Seite 15). Die Unterschiede zwischen dem, was Kinder und Jugendliche als „in Ordnung" empfinden und den Gefühlen der (Ur-)Großeltern-Generation dazu, sind teilweise immens. Deshalb kann die alte Binsenwahrheit nicht allgemeingültig als Leitfaden für gutes Verhalten gelten, sondern nur innerhalb homogener Gruppen, die ein sehr einheitliches Empfinden haben.

Alte Sprüche, dumme Sprüche?

Vielleicht hast du die drei folgenden Sprichwörter schon einmal gehört. Aber hast du dir auch schon mal Gedanken darüber gemacht, ob sie eigentlich richtig und sinnvoll sind? Bitte tue das jetzt und prüfe die Sprüche daraufhin.

1. Wie du mir, so ich dir!

Meinst du, dass dieser Spruch uneingeschränkt richtig ist?

☐ Ja   ☐ Nein

Bitte begründe deine Entscheidung kurz:

_____

_____

_____

_____

2. Wie man in den Wald hineinruft, so schallt es heraus!

Meinst du, dass dieser Spruch uneingeschränkt richtig ist?

☐ Ja   ☐ Nein

Bitte begründe deine Entscheidung kurz:

_____

_____

_____

_____

3. Was du nicht willst, dass man dir tu',
das füg auch keinem anderen zu!

Meinst du, dass dieser Spruch uneingeschränkt richtig ist?

☐ Ja   ☐ Nein

Bitte begründe deine Entscheidung kurz:

_____

_____

_____

_____

2. Coaching-Seiten: Der „Sprüche-TÜV"

Was du **nicht** willst, dass man dir tu', das füg auch **keinem** anderen **zu** !

Bitte überlege, was dich sehr ärgert oder gar kränkt, wenn sich andere dir gegenüber auf eine bestimmte Art verhalten. Das können Taten sein, wie dich an den Haaren ziehen oder dir, ohne zu fragen, etwas wegnehmen. Ebenso kann es sich um Gesprochenes handeln, also Sätze oder Schimpfwörter, die dich ärgern. Oder es mag sein, dass du es schlimm findest, wenn jemand etwas dir gegenüber bleiben lässt, was du eigentlich erwartest, etwa, dass deine Freundin oder dein Freund dich begrüßt, wenn ihr euch trefft. Bitte schreibe zuerst auf, was du von etwa Gleichaltrigen im Umgang miteinander nicht magst, und danach, was dich beim Verhalten von Erwachsenen dir gegenüber stört.

Es ärgert oder kränkt mich am Verhalten etwa Gleichaltriger mir gegenüber:

_____

_____

_____

_____

Es ärgert oder kränkt mich am Verhalten Erwachsener mir gegenüber:

3. Coaching-Seiten: Der kleine Selbst-Check: Frust und Ärger

„Der Mensch ist ein Gewohnheitstier – diesen Trumpf richtig nutzen!"

Sicher: Gewohnheiten können sich negativ auswirken, wenn sie sich zu Schrulligkeit oder Alltagstrott entwickeln. Doch richtig genutzt sind sie von großem Vorteil. Über das gute Vorbild und abgestimmte Verhaltensweisen hinaus können Sie Kindern eine große Hilfe geben, wenn Sie ihnen Rituale bieten. Solche wiederkehrenden, feststehenden Zeremonien geben Orientierung und Struktur, erzeugen somit ein Gefühl von Sicherheit. Außerdem fördern sie den Zusammenhalt von Gruppen, erleichtern die Kommunikation, erfüllen Bedürfnisse und bewirken ein Wohlgefühl durch Vertrautheit.

An was denken Sie als Erstes, wenn sie das Wort „Ritual" hören oder lesen? An religiöse Bräuche? An Festriten im Ablauf eines Jahres, wie das Ostereierverstecken? Oder tauchen vielleicht Kindheitserinnerungen an das Weihnachtsfest auf – etwa das jedes Jahr wieder neue und doch gleiche Gefühl, wenn die Wohnzimmertür verschlossen war und Sie auf die Bescherung gewartet haben? Wenn dies oder Ähnliches Ihre spontanen Assoziationen sind, befinden Sie sich in guter Gesellschaft. Die meisten Menschen interpretieren Rituale im ersten Augenblick so und daran ist nichts Schlechtes. Häufig wird jedoch vergessen, dass es neben den herausragenden oder seltenen Riten unzählige Alltagsrituale gibt, die uns das Leben erleichtern. So ist vieles von dem, was gemeinhin mit Höflichkeitsregel bezeichnet wird, ein Ritual, zum Beispiel Begrüßungs- und Abschiedsformen. Außerdem können individuelle Gewohnheiten zum „Ein-Personen-Ritual" werden, etwa der stets wiederkehrende Ablauf beim Nachhausekommen nach getaner Arbeit: einen Tee aufsetzen, eine CD mit entspannender Musik einlegen, sich der Berufskleidung entledigen und in kuschelige „Wohlfühlklamotten" hüllen.

Es gibt Familien- wie Schulrituale, solche in Firmen und Büroteams, innerhalb einer Hausgemeinschaft, einer Sportmannschaft oder Skatrunde. Jede Gruppe von Menschen kann sich Rituale schaffen und so deren positive Kraft nutzen. Nur: In den letzten Jahrzehnten sind viele Rituale als „altmodisch", „überflüssig", „beschränkend", „inhaltsleer" oder gar „Zwang" über Bord geworfen worden. Sicher: Rituale können einengen, zum sinnlosen Automatismus werden oder gar zur Durchsetzung von Hierarchien und Machtausübung missbraucht werden. Eine totale Entritualisierung anzustreben hätte jedoch fatale Folgen. Den Menschen würden Sicherheit und Orientierung, unkomplizierte Kommunikation, Bestandteile des Zusammenhalts und weitere Lebensqualitäten verloren gehen. Diese Erkenntnis setzt sich seit einiger Zeit verstärkt durch. Auch bei Ritualen findet ein Wertewandel statt: Immer mehr Menschen erkennen ihren Wert – gerade auch mit Blick auf die Kindererziehung.

TIPPS für Schulrituale

> Dass Eingangsklassen mit einer Feier empfangen werden, die von den nächsthöheren Klassen gestaltet wird, ist weit verbreitet. Ein mögliches weiteres Ritual dazu: „Die Neuen" danken für diesen freundlichen Empfang etwas später, zum Beispiel mit einem eigens dafür einstudierten Lied.

> Bestimmte Feste werden nicht nur von der ganzen Schulgemeinschaft gemeinsam gefeiert, sondern es wird festgelegt, welche Klassen oder Jahrgangstufen für die Gestaltung zuständig sind.

> Auch bestimmte Aufgaben, die der Allgemeinheit dienen, werden so verteilt, etwa: Die fünften Klassen sind für das Blumengießen im Gebäude zuständig, nach einem festen Plan alle wechselnd für die Sauberkeit auf dem Schulhof.

> „Schulnachrichten" werden immer auf die gleiche Weise veröffentlicht, wie am Schwarzen Brett, in einer Schulzeitung oder als Handzettel.

> In den Klassen werden notwendige Aufgaben ebenfalls nicht nach dem Zufallsprinzip, sondern als „feste Ämter" verliehen. Wer sein „Amt" verantwortungsvoll ausfüllt, wird dafür öffentlich gelobt (➙ nächster Punkt).

> Es gibt jedes Jahr einen bestimmen Tag, an dem besonders gute und hervorragende Taten vor der ganzen Schulgemeinschaft gelobt werden. Das kann der Gewinn eines Wettbewerbs sein – auch als Gruppen- oder Klassenlob –, die besten Sporturkunden, besondere Hilfsbereitschaft, eine auffälig mutige Tat oder eine, die eigentlich eine Selbstverständlichkeit sein sollte, wie anderen beistehen, etwa bei Hänseleien oder tätlichen Auseinandersetzungen. Eine Zusatzvariante: Jede Klasse darf zwei aus ihren Reihen nominieren, die sie für lobenswert hält – eignet sich für eine Veranstaltung im Stil einer Oscar-Verleihung: „And the winner is ..."

> Gemeinsames Frühstücken in bestimmten Zeitabständen (monatlich, jeweils nach oder vor den Ferien).

> Einmal jährlich (oder öfter) wird der „Fairplay-Regelkatalog" (➙ Seite 32) gemeinsam überarbeitet und gegebenenfalls aktualisiert.

> Jede Klasse erstellt eine Klassenchronik, in der besondere Vorkommnisse aus dem Schulalltag festgehalten werden. Das kann je nach zeitlichen Möglichkeiten in Gruppenarbeit, zum Beispiel einmal wöchentlich, oder von einem Kind übernommen werden. Wenn der Lehrplan es zulässt, kann dieses Werk im Kunstunterricht zusätzlich mit Zeichnungen versehen und verschönert werden.

> Einmal pro Schuljahr werden Klassenfotos gemacht.

> Vorher festgelegte und informierte AGs (etwa Theater- und Musik-AG) zeigen einmal pro Halb- oder Schuljahr, was sie erarbeitet haben.

> Für Schulfeste denken sich die Klassenverbände Corporate-Identity-Maßnahmen aus wie einheitliche Abzeichen, T-Shirts, Baseballkappen, Schals, Tücher, mit denen sie teilnehmen.

> Es wird gemeinsam Öffentlichkeitsarbeit gemacht, etwa durch „Putzaktionen", zu denen die Presse eingeladen wird, wie „Wir bringen unsere Schule zum Strahlen".

> Einmal im Jahr gibt es den „Tag der Kulturen". Mitschülerinnen und Mitschüler ausländischer Herkunft stellen Sitten, Bräuche und Tänze, gegebenenfalls Trachten und Kleidung aus ihrer Heimat vor.

> Bestimmte Begrüßungs- und Abschiedsrituale werden festgelegt. Einmal im täglichen Umgang wie Aufstehen, wenn die Lehrerin oder der Lehrer in die Klasse kommt. Zum anderen für seltenere Gelegenheiten, Beispiel: Montags und freitags oder vor und nach den Ferien wird jedes Klassenmitglied begrüßt beziehungsweise von allen verabschiedet.

> Mindestens einmal im Jahr überbringt eine Abordnung der Schülerinnen und Schüler einen Dank an die im Schulsekretariat, in der Mensa oder auf dem Hausmeisterposten Tätigen. In diese Abordnung wird von den Angehörigen einer Jahrgangsstufe ein Kind gewählt und entsandt.

> Die Abschiedsfeier der Abschlussklassen wird von den „Nachrückern" gestaltet. Den Dank dafür (zum Beispiel ein Gedicht oder ein Sketch) denken sich die „Verwöhnten" vorher gemeinsam aus und setzen ihn vor dem Verlassen der Schule in die Tat um.

TIPPS für Familienrituale

> Feststehendes Abschiedsritual, ehe das Kind morgens das Haus verlässt, etwa Begleitung bis zur Haustür oder zum Gartenzaun, dann Umarmung, Kuss, winken.

> Individuelle Abschiedsrituale zwischen einem Familienmitglied und einem Geschwisterkind. Beispiel: Oma und ältester Enkel waren im Puppentheater. Dort sagte der Kasper zur Verabschiedung immer: „Tschüss, tschüss, tschaui". Der Enkel fand das super. Die Oma ließ daraus ein individuelles Ritual entstehen: „Das ist ab heute unser ganz persönlicher Abschiedsgruß – nur für uns!" Wichtig: das dann wirklich nur für ihn verwenden, die anderen Enkel anders verabschieden.

> Begrüßungsritual ebenso einhalten, wenn das Kind nach Hause kommt. Nachholen, wenn das nicht möglich ist, zum Beispiel wegen eines Telefonats.

> „Auszeit-Rituale" vereinbaren. „Du hast das Recht auf Ruhe – ich habe das Recht auf Ruhe." Einmal pro Tag kann das Kind wie die Erziehungsperson dieses Recht für einen vorher abgesprochenen Zeitraum (15 Minuten, halbe Stunde) beanspruchen. Mögliche visuelle Unterstützung: Es werden gemeinsam Türknauf-Anhänger gebastelt mit „Stopp bitte! Ich nehme mir meine 15 Minuten" oder Ähnlichem.

> „Kuschel-Rituale": „Einmal pro Tag lassen wir uns durch nichts stören. Dann setzen wir uns für … Minuten (Zeitvorgaben absprechen) ganz gemütlich aufs Sofa und erzählen uns was."

> Hilfsrituale bei der Hausarbeit wie Tisch decken, abräumen, Spülmaschine ein- oder ausräumen, Müll entsorgen, Blumen gießen gerecht nach Fähigkeiten der einzelnen Familienmitglieder entwickeln. Wichtig: Die Erwachsenen entsprechend einbinden.

> Gleichbleibende Abläufe auch beim Aufstehen, etwa: grundsätzlich nur einmal wecken kommen; den Wecker fünf Minuten

vor der Aufstehzeit klingeln lassen, um diese Zeit im Bett ruhig mit der Einstellung auf den neuen Tag zu verbringen (ist auch ein gutes Morgenritual für Erwachsene).

> Feststehende Abwicklung beim Zubettgehen wie Geschichte vorlesen, beten, zudecken, in den Arm nehmen, noch zehn Minuten (oder länger) Musik hören.

> Gemeinsame Mahlzeiten so oft wie möglich planen. Dabei die Höflichkeitsrituale wie: „Wir fangen erst an zu essen, wenn alle etwas auf dem Teller haben" praktizieren, genauso wie Tischsitten ganz allgemein.

> Geburtstage für Kinder immer gleich gestalten, etwa einen Blumenkranz ums Frühstücksgedeck legen, Kerzen – so viele wie Lebensjahre – anzünden, Lieblingsessen kochen, abends länger aufbleiben lassen.

> Festtage der Erwachsenen ähnlich gleich bleibend würdigen, etwa mit Blumenschmuck auf dem Esstisch. Vielleicht Frühstück ans Bett, zum Beispiel auch am Muttertag, Glückwünsche aussprechen, Geburtstagsküsschen geben, ein Lied singen.

> Besondere Feste im Jahresverlauf mit bestimmten, wiederkehrenden Details feiern. Beispiele: Osterspaziergang, Osterbrunch, Pfingstbesuch bei Tante und Onkel, Weihnachten mit der ganzen Familie feiern, in die Kirche gehen, Tannenbaum gemeinsam schmücken, in der Adventszeit Plätzchen backen, gemeinsam für Verwandte am ersten Advent Weihnachtsgeschenke basteln.

> Entfernt wohnende Verwandte wie Urgroßeltern oder Großeltern in bestimmten zeitlichen Abständen besuchen oder sie zu sich einladen, ersatzweise regelmäßig Telefonate (etwa sonntags) führen.

> Einen gemeinsamen Spielnachmittag pro Woche einrichten.

> Gemeinsamen Fernsehabend pro Woche beschließen. Reihum darf jedes Familienmitglied das Programm bestimmen.

> Kreativ-Zeiten für Malen und Basteln in regelmäßigen Abständen fördern. Allerdings dabei keine bestimmten Zeitabläufe fixieren, da kreative Ideen nicht auf „Knopfdruck" produzierbar sind. Geschenk-Rituale entwickeln, wie selbst gemachte Gastgeschenke, Geburtstags- und Dankgeschenke für Familienmitglieder.

> Wochenend-Rituale wie Sonntagsbrunch, Spaziergang, schwimmen gehen, Besuch im Tierpark, rodeln im Winter planen.

> Einen „Ausgeh-Tag" pro Monat oder in längeren Zeitabständen mit wechselndem Programm vorsehen: Kino, Essen gehen, Zoo, Freizeitpark, Theater, Konzert, Sternwarte, Flugplatzbesichtigung, Zirkus.

Wer sich der Erziehung widmet, weiß: Kinder brauchen Grenzen (→
Kapitel: „Ich bin ein Individuum – diese Freiheit nehme ich mir!", ab
Seite 50) und Halt – inneren sowie äußeren. Rituale sind wie geschaffen
dafür, durch ihren Rahmen als äußerer Halt den inneren zu stärken.
Darüber hinaus können sie in einer Familie Ausdruck der Liebe sein, die
durch sie für ein Kind immer wieder spürbar wird. Nutzen Sie deshalb
diese positive Kraft so oft wie möglich. Stützen Sie sich dabei nicht nur
auf die sowieso bekannten Riten wie Feste im Jahresablauf. Erfinden Sie
darüber hinaus kleine Alltags- oder Feiertagsrituale (→ vorangegangene
Vorschläge), falls Sie die nicht längst praktizieren. Und: Denken Sie
dabei auch an sich! Erwachsene können aus Ritualen ebenfalls viel
Positives gewinnen und Kraft schöpfen.

Rituale und „Multikulti-Gesellschaft" – Missklang oder Einklang?

Am besten: weder – noch. Zu erwarten, dass Menschen verschiedener Nationalitäten ausnahmslos dieselben Rituale pflegen mögen, ist unrealistisch. Es anzustreben oder gar zu fordern wäre geradezu respektlos. Rituale sind unter anderem Ausdruck von Kultur. Wenn auch das Bedürfnis der Menschen nach Ritualen nationsübergreifend verbindet, so bleibt doch der bedeutende Unterschied der Riten selbst. Muss deshalb nun zwingend ein Missklang entstehen? Keineswegs. Der Vergleich unterschiedlicher Rituale kann das Verständnis „anders – doch gleich wertvoll sein" (→ Seite 27) unterstützen, das Begreifen von Toleranz und Akzeptanz fördern.

INFO

Lassen Sie bei passender Gelegenheit Schülerinnen und Schüler unterschiedlicher Nationalität ihre Rituale erklären und vorführen. Beispielsweise, wenn es um Begrüßung und Verabschiedung geht oder um die Gestaltung verschiedener Feste im Jahresablauf. Sie können auch Begrüßungsrituale anderer Länder (→ die folgenden Beispiele) erklären und zeigen oder sie anschließend von den Jugendlichen vorspielen lassen.

Begrüßungsrituale und Festbräuche in anderen Ländern

> In Japan sind tiefe Verbeugungen üblich, je nach gesellschaftlicher Stellung bis fast in die Waagerechte. Der traditionelle chinesische Gruß sieht nur eine leichte Verbeugung vor, bei der die eigenen Hände gedrückt werden: Man hebt sie in Brusthöhe und umschließt mit der rechten Hand die linke. Die in Deutschland am weitesten verbreitete Begrüßungsform, der Händedruck, ist inzwischen allerdings

in China schon recht verbreitet, in Japan hingegen nicht. Letzteres gilt auch für Indien, wo die Hände mit den Innenflächen aneinandergelegt werden, um sich mit einer leichten Verbeugung zu begrüßen. Je tiefer diese ausfällt, desto mehr Respekt wird durch sie bekundet. Mit in Augenhöhe gefalteten Händen und einer sehr tiefen Verbeugung wird Göttersymbolen die Reverenz erwiesen.

> Auf den Philippinen findet das Grußritual mit den Augenbrauen statt. Die Menschen stellen Blickkontakt her, ziehen zugleich beide Augenbrauen hoch und senken sie wieder. In Thailand heißt die Begrüßungsform „Wai" und ist eine zeremonielle Geste des Respekts. Mit ihr werden nicht nur Achtung und Ehrerbietung, sondern auch soziale Rangordnungen ausgedrückt. Je tiefer die Stirn sich über die mit den Innenflächen aneinander gelegten Hände neigt, desto mehr Respekt wird geäußert. Unter Gleichrangigen werden die Hände so vor den Körper gehalten, dass die Fingerspitzen etwa Nackenhöhe, nicht jedoch das Kinn erreichen und der Kopf wird nur wenig gesenkt. Grüßt eine sozial niedriger gestellte Person eine höher gestellte, senkt sie den Kopf so weit, dass die Fingerspitzen die Nasenspitze überragen. Die noch größere Ehrerbietung wird durch die Berührung zwischen Stirn und Handballen, verbunden mit einer Neigung des Körpers, ausgedrückt.

> In Schweden ist am 13. Dezember Luciatag. Die älteste Tochter des Hauses weckt morgens die Familie und verteilt die ersten Weihnachtsplätzchen. Dabei trägt sie ein weißes Kleid und einen Kranz mit Kerzen auf dem Kopf. Manchmal ist die „heilige Lichterkönigin" – Santa Lucia – auch schon morgens um vier unterwegs, um ihren Lehrer aus dem Bett zu werfen. Meistens wird sie dabei von 34 Mädchen, einem Sternjungen und vier Kobolden beschützt und begleitet. Letztere dürfen das, weil sie neben Trollen und Wichteln als ehrliche und gerechte Charaktere gelten. Ein in Schweden traditioneller Brauch, der, in anderen Ländern praktiziert, sicher nichts als Ärger bringen würde!

„Ich bin
ein Individuum – diese
Freiheit nehme
ich mir!"

Wer dies denkt und sich damit die Freiheit zugesteht, ein unverwechselbares Geschöpf mit seinen spezifischen Eigenschaften und Besonderheiten zu sein, kann sich ruhig auf die Schulter klopfen. Eine solche Einstellung hilft, das notwendige Maß an Selbstbewusstsein zu entwickeln. Außerdem erleichtert sie die Erkenntnis, dass jeder Mensch ein solches einmaliges Exemplar ist. Beides sind wichtige Grundvoraussetzungen für den guten Umgang mit anderen. Wer die als Überschrift gesetzte Aussage jedoch als Freifahrtschein für schlechtes Benehmen interpretiert, der vergisst das Wichtigste: Die Freiheit eines jeden Individuums hat eine logische Grenze – die Freiheit der anderen Menschen.

Der Grundsatz für guten Umgang: „Ich verhalte mich so, dass ich die Grenzen meiner Mitmenschen respektiere und sie nicht übertrete", klingt wunderbar einfach. Doch der Schein trügt. Es gibt dabei zwei große Schwierigkeiten. Das erste Handicap: Die persönliche Grenze eines Menschen – die er stets, auch unbewusst, mit sich herumträgt – ist unsichtbar. Das zweite: Sie verändert sich ständig, und zwar je nach Befindlichkeit, also dem jeweiligen „Seelenleben" – guter oder schlechter Laune.

Mit dem Fachbegriff Frustrationstoleranzgrenze können Kinder sicher nicht viel anfangen. Wenn Sie die persönliche Grenze bildlich erklären möchten, hier ein Vorschlag: „Stell dir vor, du hast einen unsichtbaren, sehr flexiblen Gummireifen um dich herum. Wenn du gut drauf bist, wird er von ganz vielen ‚Gute-Laune-Fäden' in alle Richtungen auseinander gezogen, bis er ganz weit ist. Dann kann dich so schnell nichts kratzen, weil deine gute Laune und der Gummiring viel Ärgerliches von dir fernhalten. Bist du jedoch mies drauf, drücken den Gummireifen eben so viele ‚Schlechte-Laune-Teufelchen' ganz dicht zusammen. Und dann gehst du bei der kleinsten Kleinigkeit in die Luft und könntest schon schier ausflippen, wenn dich nur jemand schief ansieht, weil die ‚Gute-Laune-Pufferzone' fehlt." Übrigens, nur so am Rande: Auch, wenn dieses Bild etwas kindlich „gemalt" wurde – die Grenzverschiebungen lösen bei Erwachsenen die gleichen Reaktionen aus und haben ihren Grund ebenfalls im „Gut-oder-schlecht-Draufsein". Das führt oft zu Miss- und Unverständnis: „Du bist doch sonst nicht so empfindlich! Ich verstehe überhaupt nicht, wieso du dich bei einer solchen Lappalie derartig aufregst?!" Auch Kinder stehen häufig vor einem Rätsel, warum

Erwachsene mal so und mal so reagieren. Das zu verstehen und einzu-
sortieren fällt ihnen noch schwerer als „den Großen". Und am schwers-
ten haben es Kinder, mit den persönlichen Grenzen und gutem Verhalten
richtig umzugehen, denen nie oder unzulänglich Grenzen gesetzt wurden.

„Ich will doch nicht werden wie meine Eltern!"

Erwachsene sind geprägt durch ihre Erziehung – Lehrerinnen und Lehrer
sowie Eltern – und leiden teilweise darunter. Wer mit zu strenger Zucht
und Ordnung aufgewachsen ist, wem Grenzen und das Einhalten von
Regeln vielleicht gar mit Schlägen nahe gebracht wurden, der will es bei
seinen Kindern „besser" machen. Die Gefahr, dabei ins andere Extrem
zu geraten, wird dann oft nicht erkannt. Die Tatsache, dass Kinder für
ihre Entwicklung zu selbstständigen Persönlichkeiten durch klare
Grenzsetzung weit besser gefördert werden als durch die „Du-kannst-
machen-was-du-willst-Methode", wird übersehen. Dass Kinder in ihren
Eltern nicht nur „Kumpel", sondern Vor- und Leitbilder mit festen
Grundsätzen und Überzeugungen suchen, wird vergessen.

Richtige Grenzsetzung – ein Vier-Schritte-Konzept

Kinder brauchen Grenzen für ihre Entwicklung. Sie helfen ihnen bei der
emotionalen und sozialen Orientierung. An ihnen können sie sich reiben,
ihre Möglichkeiten testen, innerlich wachsen und Selbstsicherheit gewinnen. Dies verlangt allerdings erstens, dass Grenzen im richtigen Maß
gesetzt werden. Zweitens, dass sie ständig auf Richtigkeit geprüft und
gegebenenfalls verändert oder gar abgeschafft werden. So, wie einem

Kind durch sein schnelles Heranwachsen ständig die Kleidung zu klein wird und es neue in der passenden Größe braucht, werden mit zunehmendem Alter auch die ursprünglichen „Grenzmarkierungen" zu eng. Damit sie wieder ihren positiven Zweck erfüllen können, müssen sie dem Lebensalter entsprechend erweitert werden.

Drittens macht Grenzsetzung nur Sinn, wenn Übertretungen Konsequenzen nach sich ziehen. Welche Auswirkungen ein Regelverstoß hat, soll dem Kind vorher bekannt und mit ihm vereinbart sein. Das eröffnet ihm die eigene Entscheidungsfreiheit: Wenn ich mich an die Regel halte, brauche ich die Konsequenzen nicht auszuhalten, tue ich es nicht, muss ich sie ertragen. Überlegen Sie aber bitte vor jeder Absprache über Konsequenzen, ob die von Ihnen angegebenen überhaupt praktikabel sind. Wenn das Kind merkt: Das ist ja alles nur „heiße Luft" und findet sowieso nicht statt, stellt es Ihre Glaubwürdigkeit und das gesamte Regelwerk in Frage. Und viertens:

Die wichtige Basis – Liebe und Respekt

Grenzen setzen und deren Einhaltung erreichen gelingt nur, wenn Kinder erleben, dass Erwachsene auch eigene, sie selbst betreffende Grenzen einhalten und dies vorleben. Außerdem muss Grenzsetzung sich auf gegenseitiger Achtung begründen können, auf der Einsicht, auch die Grenzen der Kinder zu respektieren – die körperlichen, emotionalen wie die psychischen. Wer als Konsequenz androht: „Wenn du nicht …, dann hat Mama/Papa dich nicht mehr lieb!", verstößt grob gegen diesen Grundsatz. Grenzsetzung muss getragen sein von Liebe, Sicherheit und Wertschätzung für das Kind, muss sich stützen können auf beiderseitigen Respekt vor der Würde eines jeden Menschen – sei er Kind oder erwachsen.

Zeigen Sie deutlich, wo Ihre Grenzen sind – bitte!

Alle Erziehenden wissen: Kinder für den Lebensweg zu stärken, ihnen Selbstbewusstsein ohne übersteigerten Egoismus, Grenzwahrung ohne übertriebenen Altruismus, Höflichkeit ohne Kriecherei und tausende andere wichtige Qualitäten beizubringen, ist harte Arbeit – anstrengend, nervenaufreibend und manchmal gar entmutigend. Deshalb ist eine Erkenntnis äußerst wichtig: Auch Erziehende haben ein Recht auf ihre Grenzen! Wer sich aufopfert – oder das Gefühl hat, es zu tun –, wer grenzenlose Liebe in der Familie oder grenzenloses Aufgehen in seinem pädagogischen Beruf von sich fordert, läuft Gefahr, sich aufzugeben, das eigene Selbst zu verleugnen. Damit ist niemandem geholfen – am wenigsten den Kindern. Selbst wenn dies aus dem Wunsch entsteht, nur „das Beste" für sie zu wollen. Wer andere für Respekt, Wertschätzung und Achtung gegenüber den Mitmenschen sensibilisieren will, muss sich selbst und seine Bedürfnisse achten und respektieren.

Zitat

„Respektiere Dich selbst, wenn Du willst, dass andre Dich respektieren sollen."

Adolph Freiherr Knigge in „Über den Umgang mit Menschen" aus dem Jahr 1788.

Dazu gehört auch, seine Grenzen zu spüren und sie deutlich werden zu lassen. Lehrerinnen und Lehrer haben besonders dann einen schweren Stand, wenn Kinder von zu Hause keine Grenzsetzung gewöhnt sind. Die Testphasen: „Wie weit kann ich gehen?", die längst im Elternhaus zu Antworten geführt haben sollten, werden dann verstärkt in die Schule verlegt. Klar: Jede neue Lehrkraft muss sich so oder so diesem Test stellen und ihre persönlichen Grenzen „rüberbringen" – wie Kinder sagen würden. Gibt es für sie Vergleichswerte zu vergangenen Erfahrungen, die Grenzen deutlich werden ließen, ist diese Testphase jedoch relativ schnell abgeschlossen: „Aha, wie gehabt. Bis hierhin und nicht weiter. Abgehakt." Fehlt ein solcher Vergleichswert – woran übrigens Lehrkräfte schulintern durch Uneinigkeit im Kollegium auch nicht ganz unschuldig sind! – muss ausdauernder und intensiver getestet werden, um zu einem Ergebnis zu kommen. Diesen Prozess können Sie wirkungsvoll abkürzend beeinflussen, indem Sie frühzeitig das „Stoppschild" zeigen: Halt! Bis hierhin und nicht weiter. Hier ist meine Grenze! Haben Sie den Mut, Ihre Grenzen aufzuzeigen – und zwar frühzeitig und deutlich! Nehmen Sie das Risiko, sich bei den Kindern unbeliebt zu machen, in Kauf – es ist äußerst gering. Der Grund: Selbst – besser gesagt: gerade – Kinder, die zu Hause keine Erfahrung mit Grenzen machen können, sind froh über klare Orientierungsmöglichkeiten. Auch wenn sie das nicht zeigen oder es anfangs mit verstärkt schlechtem Benehmen übertünchen. Schon so manche Klasse hat nach einem Machtkampf mit einer Lehrkraft, an dessen Ende diese viel zu spät „geplatzt" ist, zufrieden verkündet: „Na, endlich! Nun wissen wir wenigstens, wie wir die einschätzen müssen und wie weit wir bei der gehen können."

Wenn Sie rechtzeitig und unmissverständlich Grenzen aufzeigen, werden Sie für die Kinder einschätzbar, glaubwürdig, verlässlich und vertrauenswürdig – Qualitäten, die Kinder brauchen und wollen. „Streng sein", was sich in Grenzsetzung äußert, wird von Kindern nicht zwingend als negativ empfunden, wie die folgende Äußerung beweist. Eine 14-Jährige sagte in einem Zeitungsinterview: „Meine Klassenlehrerin mag ich sehr. Sie ist nett, kann aber auch streng sein, sie erklärt alles richtig gut, und sie setzt sich für uns ein."

Bedenken Sie jedoch bitte: Auch in der Schule ist die Androhung von nicht einhaltbaren Konsequenzen kontraproduktiv. Und: Klare Grenzziehung braucht eine klare Sprache. Fragen, zum Beispiel: „Könnt ihr nicht endlich ruhig sein?", oder das Verstecken der eigenen Meinung hinter Bemerkungen wie: „Ihr stört die anderen, wenn ihr ständig dazwischen redet", setzen keine Grenzen! (➜ Kapitel: Klartext reden – aber bitte richtig!, ab Seite 118).

„Soziale Kompetenz kannst du pauken wie Englisch-Vokabeln" – Vorsicht: Fehlinformation!

Warum diese Aussage falsch ist? Weil es erstens zur sozialen Kompetenz gehört, ein Bewusstsein für Gefühle zu entwickeln. Dies lässt sich garantiert nicht pauken wie Vokabeln. Weil zweitens richtiges Verhalten den Mitmenschen gegenüber mit dem Auswendiglernen eines Regelkatalogs niemandem antrainierbar ist. Der Grund: Menschen sind – zum Glück – keine Roboter. Deshalb braucht guter Umgang neben den Spielregeln viel Herzlichkeit, Spontaneität, Menschlichkeit und Flexibilität. Auch das ist mit Büffeln nicht erlernbar, sondern nur durch Sensibilisierung. Außerdem ist es wichtig, den Begriff „Regel" in diesem Zusammenhang sorgfältig zu definieren und den richtigen Umgang mit Emotionen zu vermitteln. Informationen dazu finden Sie in diesem Kapitel.

Viele Menschen meinen, der wichtigste Faktor für eine gute Kommunikation sei, sich sachorientiert, intelligent und rational zu verhalten. Emotionen seien – besonders im Berufsleben – am besten total zu negieren. Zugegeben: Sachliche Qualitäten sind sicher wichtig. Was jedoch gern vergessen wird: Der Mensch ist ein gefühlsbetontes Wesen – ob er es sich nun eingesteht oder nicht. Deshalb werden die Weichen zwischen Menschen stets vorrangig vom Gefühl gestellt – selbst dann, wenn sie meinen, reine „Kopf-Typen" zu sein.

Jedoch selbst jenen, die sich so einschätzen, sollte bewusst sein: Wir verkehren *immer* auf zwei Ebenen miteinander – auf der rationalen und auf der emotionalen. Für die Kommunikation ist Letztere sogar die wichtigere. Auf der emotionalen Ebene wird der erste Eindruck geprägt (→ Seite 58), werden Sympathie oder Antipathie empfunden, Urteile und Vorurteile gefällt. Von dort kommen erste „Warnzeichen": Da stimmt doch was nicht? (→ Körpersprache, ab Seite 112) oder Signale der Abwehr oder des Unmuts – das bekannte und viel zitierte „Bauchgefühl". Nur, wenn Sie sich Emotionen bewusst machen – Ihre eigenen und die der anderen – können Sie Begegnungen angenehm gestalten, Konflikte vermeiden oder konstruktiv lösen. Auch die Spielregeln der Kommunikation brauchen ein emotionales Management!

EQ versus IQ

Noch bis vor wenigen Jahren wurde der IQ (Intelligenzquotient) als alleinige Messlatte für Erfolg betrachtet. Inzwischen hat ihm der EQ (genau, emotionaler Intelligenzquotient, meist oft kurz emotionaler Quotient, emotionale Intelligenz oder emotional quality genannt) längst den Rang abgelaufen. Der US-amerikanische Psychologe Daniel Goleman hat für sein Buch „Emotionale Intelligenz" Untersuchungen in 300 Firmen durchgeführt und herausgefunden, dass solche, die stark auf emotional intelligente Mitarbeitende setzen, ein höheres Betriebsergebnis erzielen. Für ihn ist emotionale Intelligenz eine „Metafähigkeit, die darüber entscheidet, wie wir unsere sonstigen Fähigkeiten zu nutzen verstehen".

Viele Studien belegen, dass Menschen mit vergleichbarem IQ und unterschiedlichem EQ sehr verschiedene Erfolge erzielen konnten. Diejenigen mit höherem EQ waren den anderen weit überlegen, wenn es beispielsweise um Teamführung ging – selbst dann, wenn ihr IQ geringer war als der einer Vergleichsperson. Diese Erkenntnisse wurden anfangs vorrangig im Management und bei Männern gesammelt. Inzwischen ist bekannt, dass gerade Menschen, die anderen soziale und kulturelle Kompetenz vermitteln wollen, diese Aufgabe besser erfüllen können, wenn sie über einen hohen EQ verfügen. Außerdem wird dem richtigen Umgang mit Gefühlen heute sowohl für jeden Menschen selbst – Gesundheitsaspekt – als auch in der Kommunikation – Gemeinschaftsaspekt – große Bedeutung beigemessen.

Bitte denken Sie nicht, dass damit einer „neuen Kuschelpädagogik" das Wort geredet werden soll. Es geht nicht um ein Motto wie: „Wir haben uns alle lieb!", sondern vielmehr um den richtigen Umgang mit Gefühlen. Das bedeutet: Die eigenen Gefühle zu erkennen, sie intelligent zu handhaben und sie produktiv zu nutzen (intrapersonelle Fähigkeiten) sowie den Umgang mit Beziehungen zu gestalten und Empathie (➔ Aktives Zuhören, Seite 119) zu entwickeln, also die Bereitschaft und Fähigkeit, sich in andere hineinzuversetzen und auch deren Gefühle wahrzunehmen und richtig zu deuten (interpersonelle Fähigkeiten). Dass soziale Kompetenz ohne diese Fähigkeiten nie wirklich vollständig sein kann, liegt auf der Hand. Ebenso, dass Umgangsformen dann optimal sind, wenn sie mit emotionaler Intelligenz praktiziert werden. Zumal selbst Menschen, die noch nie etwas vom EQ gehört haben, stark auf das vorhin erwähnte „Bauchgefühl" vertrauen. Zum Beispiel beim ersten Eindruck.

„Zehn Sekunden geb ich dir …"

„… und dann habe ich mein (Vor-)Urteil über dich gefällt!" Das denkt bei einem ersten Eindruck sicher niemand. Den meisten Menschen ist nicht einmal bewusst, was dabei abläuft, denn er findet „im Bauch" statt. Und doch dauert es nur Sekunden, bis genau das passiert ist: Die (noch) fremde Person ist „einsortiert" – nämlich entweder in die Kategorie

„sympathisch" oder in die gegenteilige „unsympathisch". Das Problem dabei: Die wenigsten Menschen sind bereit, ihren ersten Eindruck später zu korrigieren und die eingeordnete Person in die andere Rubrik „umzusortieren". Deshalb ist an dem bekannten Satz: „Für den ersten Eindruck gibt es keine zweite Chance" viel Wahres – leider. Denn wer fair ist, gibt diese Chance, weil er weiß: Der erste Eindruck ist immer subjektiv, kann völlig falsch sein und wird mitbestimmt von persönlichen Wert- und Moralvorstellungen, Erinnerungen, Erwartungen und vielem mehr.

INFO

Bitte verdeutlichen Sie den Kindern: Gegen die innere Einstellung eines Menschen beim ersten Eindruck ist nichts auszurichten. Außerdem kann er nicht ausgeschaltet werden wie etwa eine Lampe mit einem Lichtschalter. Er läuft einfach ab – in jedem Menschen. Wer etwas dazu beitragen möchte, einen guten ersten Eindruck zu machen, sollte dessen Anteile kennen, auf die er Einfluss nehmen kann. Das ist mit nur sieben Prozent der Inhalt des Gesprochenen – also am besten die klügsten Sätze für etwas später aufheben! Stimme, Tonlage und alles, was damit zu tun hat, schlägt mit 38 Prozent zu Buche – also klar und deutlich, weder zu laut noch zu leise sprechen. Den Löwenanteil halten mit 55 Prozent Körpersprache und Kleidung – also etwas anziehen, was zur Situation passt, ordentlich sowie sauber ist (➜ Kapitel: Auch Kleidung kann „reden", ab Seite 174) und nicht „rumfläzen" oder andere ungern gesehene Körpersprache zeigen (➜ Seite 113).

„Ungeschriebene Gesetze"
– der Bauch lässt immer noch grüßen

Menschen stellen bestimmte Erwartungen an das Verhalten anderer, deren sie sich gar nicht bewusst sind. Erst wenn der unterschwellige Wunsch missachtet wird, stellt sich mit der aufkommenden Empörung auch das Nachdenken über „die Frechheit" ein. Dazu gehört unter anderem das Einhalten einer gewissen Distanz (➜ Kapitel: Grüßen und Begrüßen – ist das nicht dasselbe?, ab Seite 76), und der „territoriale Anspruch". „Mein Platz", „meine Sofa-Ecke", „meine Hälfte vom Schreibtisch", „meine Entscheidungskompetenz" und mehr bezeichnet ein emotionales Anrecht auf etwas, selbst wenn es gar nicht „meins" im Sinne von Eigentum ist.

Wenn ein Kind – Ihrer Meinung nach – völlig unmotiviert ärgerlich, bockig, frech, aufbrausend, abweisend oder gar ausfallend wird, erinnern Sie sich bitte an die bekannte Erziehungsmaxime: Hinter jeder Störung steckt eine verdeckte Botschaft. Um sie zu entdecken, prüfen Sie unter anderem, ob das Kind etwas als territorialen Übergriff empfunden haben könnte. Beispiele: Ein Privileg ist ihm entzogen worden (besondere Position im Klassenverband, zu Hause beim Essen neben dem Vater sitzen dürfen). Seine Entscheidungskompetenz wurde übergangen (etwas, das ihm gehört, ist ohne es zu fragen ausgeliehen worden wie Fahrrad, Spielzeug, Schulbuch). Eine Aufgabe ist ihm entzogen und beispielsweise an ein Geschwisterkind gegeben worden (Blumengießen, andere kleine Hilfeleistungen im Haushalt, Aufgabe in der Schule). Es hat seinen Platz an jemanden abtreten müssen (Schultisch, Sofa-Ecke).

Und last but not least: Bitte vermitteln Sie Jugendlichen den Unterschied zwischen Umgangsformen-Regeln und anderen Richtlinien. Es gibt Regeln, die immer falsch oder immer richtig sind, etwa bei der Rechtschreibung. Oder Prinzipien wie mathematische Ergebnisse (1 + 1 = 2), die weltweit richtig sind. „Die eine, immer richtige" Regel gibt es für Umgangsformen-Details hingegen nicht. Lediglich bei den Grundsätzlichkeiten im Umgang miteinander wie Rücksichtnahme, Hilfsbereitschaft, „bitte" und „danke" zu sagen kann von „immer richtig" die Rede sein. Die Detail-Spielregeln jedoch werden unter modernen Gesichtspunkten variabel verwendet (→ nächstes Kapitel: Was im Umgang miteinander heute aktuell ist). Deshalb empfiehlt es sich, den Begriff „Regel" mit Blick auf Umgangsformen so zu definieren: Sie ist die Form, die sich in einer Gruppe – wie in der Familie oder in der Schule oder bei Menschen, die in einem bestimmten Kulturkreis leben – als die beliebteste herausgestellt hat oder abgesprochen wurde.

Teil II:
Der Knigge-Coach
Umgangsformen erfolgreich vermitteln

Was im Umgang miteinander heute aktuell ist – das Spiel mit der richtigen Form

Wer versucht, Kindern und Jugendlichen den Etikette-Drill vergangener Jahrhunderte nahe zu bringen, wird kaum Aussicht auf Erfolg haben. Außerdem wäre es unvernünftig. Umgangsformen waren, sind – und werden es bleiben – Ausdruck des jeweiligen Zeitgeistes, der sich wandelnden Wert- und Moralvorstellungen, der Machtverhältnisse, der Sozialstruktur. So haben Kinder nicht nur keine Lust, die „alten Zöpfe" ihrer (Ur-)Großeltern weiter zu tragen. Diese „stehen" ihnen auch nicht mehr, weil viele alte Verhaltensregeln nicht mehr in unsere Zeit passen.

Einer der Hauptgründe für den eklatanten Wandel der Umgangsformen (→ auch Seite 15) ist die veränderte Stellung der Frau in der Gesellschaft. Das überlieferte, traditionelle Regelwerk stammt aus einer Zeit, in der die Frau keinen eigenen Status hatte – sie bekam automatisch den des Mannes bei der Heirat – und als ledige Frau weniger wert (!) war als „Gattinnen". Im Berufsleben kam sie kaum vor und von den Rechten und Möglichkeiten, die Frauen heute haben, konnte sie allenfalls träumen. Die Ersten, denen klar wurde, dass die Konventionen dieser Ära nicht mehr passen konnten, waren „die 68er". Doch statt zu reformieren und nach neuen, passenden Formen zu suchen, schütteten sie das Kind mit dem Bade aus: Ex und hopp mit allem „Umgangskram". Dann folgte in den 70ern des vergangenen Jahrhunderts die Blütezeit der antiautoritären Erziehung. Grenzsetzung war weitgehend verpönt, somit hatten auch Umgangsformen-Regeln wenig Platz.

So nahe es läge, auf die Erziehenden der damaligen Jahrzehnte zu schimpfen, so einseitig wäre es auch. Denn die Kehrseite der Medaille ist: Durch das Infragestellen der alten Regeln und deren – völlig richtiges – Anprangern als nicht mehr zeitgemäß, entstand die Chance auf sinnvolle Neugestaltung. Das Ergebnis sind moderne Umgangsformen, die variabel zu handhaben und flexibel zu gestalten sind. Spielregeln, die sich im „Lebens-Theater" den unterschiedlichen „Bühnen", „Aufführungen", „Rollen" und dem jeweiligen „Ensemble" oder „Orchester" entsprechend wandeln. Im folgenden Text, den Sie direkt als Erklärung für die Kinder nutzen können, wird der Begriff „Orchester" verwendet, da ihnen der Begriff „Ensemble" sicher weniger bekannt ist.

Die Spielregel-Show in vier Bildern

Ehe du dich für eine bestimmte Spielregel entscheidest, denke bitte über jeden dieser vier Punkte sorgfältig nach:

1. Auf welcher „Bühne" stehe ich?

> Bin ich im privaten Bereich, also zu Hause, im Freundeskreis, in der Freizeit? Dort richtet sich die Wahl der richtigen Form nach dem Alter und Geschlecht von Personen.

> Bin ich in der Schule oder später im Beruf?
  Dort wird nach der Hierarchie von Personen entschieden.

2. Bei welcher „Aufführung" spiele ich mit?

> Ist es eine offizielle oder feierliche Veranstaltung wie ein größeres Familienfest (etwa Hochzeit, runder Geburtstag von Erwachsenen, Silberhochzeitsfeier), ein besonderes Essen, Schulfest, (Geschäfts-)Jubiläum, Empfang, Ball, Theaterbesuch und Ähnliches?

> Ist es eine lockere, inoffizielle Veranstaltung wie Volksfest, Kirmes, Party im Freundeskreis, Sportveranstaltung, Disco und Ähnliches?

3. Welche Menschen spielen mit mir im „Orchester"?

> Fremde,

> Freundinnen und Freunde, Bekannte, Verwandte,

> wesentlich ältere, jüngere oder ungefähr gleichaltrige Menschen,

> Lehrerinnen und Lehrer, andere Erwachsene in der Schule,

> später im Beruf: Gleichgestellte, Vorgesetzte, Mitarbeitende, Kundinnen und Kunden.

4. Welche „Rolle" spiele ich gerade?

> als Mädchen/Frau (Tochter, Schwester, Freundin, Klassenkameradin, Gastgeberin/Ehefrau, Partnerin, Mutter, Lehrerin, Kollegin, Chefin);

> als Junge/Mann (Sohn, Bruder, Freund, Klassenkamerad, Gastgeber/Ehemann, Partner, Vater, Lehrer, Kollege, Chef);

> als Mitglied einer Gemeinschaft (Verein, Schule, Uni, Club, Ausschuss, leitendes Gremium)

„Sooo viele Spielregeln?"

„Und das soll ich mir alles ständig überlegen?", denken Sie vielleicht jetzt. „Das hört sich aber anstrengend an!" Zugegeben: Moderne Umgangsformen fordern die Menschen mehr als es die Etikette-Regeln vergangener Jahrhunderte taten, bei denen es keine Verhaltensspielräume gab – zumindest nicht, wenn jemand als „gut erzogen" gelten wollte. Heutige „gute Erziehung" bedeutet erstens: die ständige Bereitschaft, sich in andere Menschen hineinzuversetzen. Zweitens: die eigenen Bedürfnisse mit denen der anderen Anwesenden in angemessene Relation zu setzen. Drittens: unterschiedliche Situationen durch jeweils passendes Verhalten zu würdigen. Und schließlich sollte das eigene Verhalten permanent mit Blick auf die ersten drei Punkte geprüft werden.

Menschen, deren Grundhaltung von Wertschätzung und Empathie (→ auch Seite 119) für andere geprägt ist, empfinden ein solches Verhalten – und somit die modernen Umgangsformen – keineswegs als anstrengend. Und wer sich die Essenz aus der „Spielregel-Show in vier Bildern" vor Augen führen möchte, fragt sich einfach: „Mit wem bin ich wo, wie stehe ich zu dieser Person (diesen Personen), und was tun wir gemeinsam dort?"

Zwei „Bühnen" – die größte Novität

Das überlieferte gesellschaftliche Regelwerk, auf dem alte Höflichkeitsformen beruhten, basierte auf drei Säulen: Geschlecht, Alter und Hierarchie. Letzteres spielt heute im Privatleben keine Rolle mehr. Stattdessen bestimmt rein hierarchisches Denken heutzutage die Umgangsformen-Regeln im Geschäftsleben. Auf dieser „Bühne" werden die Merkmale „Geschlecht" und „Alter" nur bei beruflicher Rang-gleichheit als Hilfskriterien herangezogen. Im privaten, gesellschaftli-chen Bereich sind zwei der traditionellen Grundsätze „Ehre das Alter" und „Ladies first" nach wie vor die Basis für die Spielregeln. Dort werden älteren Menschen und Damen wie eh und je bestimmte „Son-derrechte" eingeräumt, etwa bei Begrüßungsreihenfolgen und beim Bekanntmachen (→ Kapitel: Grüßen und Begrüßen – ist das nicht dasselbe?, ab Seite 76; → Kapitel: „Ich bin die Neue" – Vorstellen und Bekanntmachen, ab Seite 94).

Um solche Regeln zu erklären, werden häufig die Ausdrücke „Höhergestellte" und „Niedrigergestellte" verwendet. Diese Begriffe sind in der heutigen Zeit jedoch nicht mehr empfehlenswert. Selbst bei Erwachsenen können sie unterschwellig einen Anklang an den „Stan-desdünkel" vergangener Epochen auslösen. Kindern gegenüber sind sie

INFO

Erklärungsvorschlag für Jugendliche: Über die Wertschätzung hinaus, die wir jedem Menschen entgegenbringen, bekommen bestimmte Personen noch einen „Zusatz-bonus". Das ist etwa so, als wenn du im Spiel einen Joker ziehst, der dir einen besonderen Spielzug ermöglicht. Diesen „Umgangs-Joker", der besondere Vorrechte einräumt, bekommen im Privatleben deutlich ältere Menschen und unter etwa Gleichaltrigen wird er an eine Frau beziehungsweise ein Mädchen vergeben. Im Beruf und in der Schule geht er immer an die in der Hierarchie am höchsten stehen-de Person. In einem Betrieb sind das also die Vorgesetzten, in der Schule Lehrerinnen und Lehrer sowie andere Erwachsene.

noch negativer, da diese sich bei verschiedenen Spielregeln als „Niedrigergestellte" wiederfinden müssten, als die sie sich Erwachsenen gegenüber sowieso meist fühlen (im Sinne von: weniger dürfen, weniger Rechte haben). Das Wort „Respektsperson" ist eine Alternative. Doch nur dann, wenn es richtig definiert wird. Dies ist jedoch nicht bei jeder Erklärung einer Regel möglich. Deshalb ist in diesem Buch entsprechend dem Vorschlag im Info-Kasten links von „Umgangsformen-Joker" und „Joker-Personen" die Rede statt von „Höhergestellten".

Auf beiden „Bühnen" eine wichtige Rolle: das „Von-Mensch-zu-Mensch-Prinzip"

Menschen, denen der „Umgangsjoker" zuerkannt wird, haben traditionell unter anderem das Recht auf kleine Hilfeleistungen. Diese wurden nach alter Väter Sitte entweder von „Jung" an „Alt" oder von Mann zu Frau gegeben – die so genannten Kavaliersgesten. Das soll weder abgeschafft noch in seinem Wert angezweifelt werden! Darüber hinaus ist es allerdings wünschenswert, das „Von-Mensch-zu-Mensch-Prinzip" zu praktizieren. Es bedeutet: Jede und jeder bietet einer Person, die offensichtlich gerade eine kleine Hilfsgeste braucht, diese an – unabhängig von Geschlecht und Alter, „Bühne" oder „Rolle". Einige Beispiele: Eine durchschwingende Kaufhaustür wird für die Folgenden aufgehalten, ganz gleich, ob diese jünger, älter, Frau, Mann, groß oder klein sind. Sieht eine Frau, dass eine Geschlechtsgenossin Schwierigkeiten mit dem Kinderwagen hat, etwa an der Bushaltestelle, packt sie einfach mit an, falls keine Männerhand zur Stelle ist (oder sich nicht rührt!). Und selbst einem Mann gegenüber ist das Anbieten solcher Hilfe seitens einer Frau angebracht, trotz seiner wahrscheinlich ausreichenden Körperkräfte. Erstens, weil es selbst für ihn unbequem und im Gedränge kompliziert ist, einen Kinderwagen hochzuhieven. Zweitens, weil die Prozedur auch für das Baby angenehmer wird, wenn sie – wenigstens halbwegs – in der Waagerechten stattfindet. Eine gesunde Mittfünfzigerin beobachtet auf dem Bahnsteig, dass ein junger Mann mit Gipsbein offensichtlich Schwierigkeiten hat, seine Tasche in den Zug zu heben. Dann ist sie in dieser Situation trotz des deutlichen Altersunterschieds die „Stärkere", die ihm helfen kann. Trifft eine Lehrerin gleichzeitig mit einem Kollegen vor der Tür des Lehrerzimmers ein, wird er diese sicher gern für sie öffnen, wenn er die Hände frei hat. Ist er jedoch mit allem möglichen bepackt, sollte es eine Selbstverständlichkeit sein, dass sie es für ihn tut.

„Genau", denken Sie jetzt vielleicht „das sind doch alles Selbstverständlichkeiten des sozialen Verhaltens!" Und damit haben Sie Recht. Leider ist diese Erkenntnis längst nicht bei allen Menschen vorhanden und wird Kindern somit auch nicht immer beigebracht und vorgelebt. Deshalb ist es wichtig, ihnen dieses „Von-Mensch-zu-Mensch-Prinzip" zu verdeutlichen. Am besten dadurch, dass auch Erwachsene nicht immer nur Hilfsgesten von Kindern einfordern, sondern bereit sind, sie situationsgerecht auch zu geben. Etwa entsprechend dem „Tür-Lehrerin-Kollege-Beispiel", oder in vollen öffentlichen Verkehrsmitteln einem erschöpft wirkenden Kind den Sitzplatz zu überlassen.

„Aufführungen" von Omas Geburtstag bis Disco

Die Frage „Gehe ich zu oder befinde ich mich bei einer offiziellen oder informellen Veranstaltung?" stellen sich selbst Erwachsene manchmal nicht. Das fängt an bei der Kleidung – Jogginganzug im Flugzeug, zerrissene Jeans im Theater – und kann sich bis zu völlig unangemessenem Verhalten, wie etwa Handy-Gebrauch bei einer Beerdigung, steigern. Trotzdem dürfte es nicht allzu schwer sein, Kindern die Wichtigkeit der Überlegung zur jeweiligen „Aufführung" zu vermitteln. Omas Geburtstag ist etwas anderes als der eines Freundes; der Schulhof erlaubt unterschiedliches Verhalten zu dem im Klassenzimmer; eine Sportveranstaltung ist nicht mit einem Theaterbesuch vergleichbar; ein Gottesdienst hat nichts mit einer Disco zu tun und eine festliche Hochzeit nichts mit einer Kirmes. Wer in der Lage ist, unterschiedliche Situationen durch das jeweils angemessene Verhalten zu würdigen, bringt damit auch seine Wertschätzung den Menschen gegenüber zum Ausdruck. Denjenigen nämlich, die eine Veranstaltung organisiert haben oder anwesend sind.

Warum das „Orchester" so wichtig ist

Dass bei Fremden ein anderes Verhalten angebracht ist als bei engsten Familienmitgliedern, verstehen alle. Ebenso, dass es Riesenunterschiede im Benehmen gibt, wenn jemand statt mit der besten Freundin mit der Chefin zusammen ist. Viele Menschen, selbst Kinder, praktizieren solche Unterschiede ganz intuitiv. Trotzdem ist es gut, darauf hinzuweisen und besonders einen Punkt der Aufzählung herauszugreifen: die Altersfrage. Ein wesentliches Element heutiger guter Umgangsformen ist, die Gepflogenheiten der verschiedenen Generationen zu kennen und situationsgerecht anzuwenden (→ auch Generationskonflikt, Seite 15). Dies Kindern und Jugendlichen verständlich zu machen, ist eine wichtige Aufgabe.

Doch auch hier gilt: Bitte kein „Einbahnstraßen-System" (→ Seite 19). Es wäre unfair, lediglich von Kindern zu erwarten, dass sie sich älteren Menschen zuliebe immer deren traditionellen Regeln anpassen. „Situationsgerecht" bedeutet auch, dass Erwachsene Entgegenkommen zeigen. Ein Beispiel: Wenn Jugendliche eine Party feiern und Großeltern oder andere ältere Verwandte „ihre Nase hineinstecken" (dürfen?), dann sollten sie bereit sein, die Umgangsformen der jüngeren Menschen zu akzeptieren. Beim Kindergeburtstag geht es schließlich auch anders zu, als wenn Erwachsene feiern. Trotzdem ist es gut, Kinder für die unterschiedlichen Erwartungen zu sensibilisieren und sie anzuhalten, auf die von deutlich älteren Menschen Rücksicht zu nehmen. Ebenso wichtig ist, dass Seniorinnen und Senioren neue Umgangsformen-Regeln kennen – auch wenn betagte Menschen sie nicht übernehmen möchten –, damit „neu" nicht mit „unerzogen" verwechselt wird! Auf der nächsten Seite finden Sie eine kleine Zusammenstellung von Unterschieden alter und neuer Formen.

früher	heute
> Eine Dame blieb zur Begrüßung eines Herrn immer sitzen.	Frauen stehen – im Berufsleben ausnahmslos – zur Begrüßung genauso auf wie Männer.
> Auf der Straße musste vor einem Handschlag der Handschuh ausgezogen werden.	Ist bei Fingerhandschuhen unter Jüngeren nicht mehr nötig, sollte jedoch praktiziert werden, wenn es das ältere Gegenüber tut.
> Trug ein Herr einen Hut, zog er ihn beim Gruß auf der Straße zum Zeichen des Respekts – und zwar zu der von der zur grüßenden Person abgewandten Seite.	Wie bei Handschuhen.
> Die Hand in der Tasche galt bei Begegnungen mit anderen immer als respektlos.	Unter jungen Leuten im Gespräch ein Zeichen von Lockerheit. Beim Gruß, Begrüßen und Vorstellen sollen Hände nach wie vor aus den Taschen genommen werden. Betagten Menschen gegenüber immer, besonders im Gespräch!
> Die Dame ging immer rechts vom Herrn.	Nur noch in offiziellen Situationen geht die Dame rechts. Sonst kann sie sich aussuchen, auf welcher Seite sie gehen möchte oder der Mann (beziehungsweise die schützende Person) geht an der Gefahrenseite, wie auf der Straße.
> Der Herr ging vor der Dame die Treppe hinauf und hinter ihr hinunter.	Heute ist es umgekehrt – bessere Hilfsmöglichkeit im „Stolperfall". Außerdem: Die „Helferposition" (Mann) wird heute situationsgerecht eingenommen. Beispiel: Eine jüngerer Frau begleitet eine alte Dame oder einen gehbehinderten Mann auf der Treppe.
> Gemüse, Spargel, Kartoffeln, Salat und Eier durften nicht mit dem Messer geschnitten werden.	Das Schneiden solcher Speisen ist kein Tischsittenfehler mehr.
> Die Papierserviette wurde nach dem Essen zusammengeknüllt auf den Teller getan.	Alle Servietten – unabhängig vom Material – werden zum Schluss locker zusammengelegt links neben dem Teller platziert.

Wenn Sie für einige der alten Regeln geschichtliche Hintergründe aufzeigen möchten, können Sie die 4. Coaching-Seiten: So war es damals – wer weiß, warum? (→ Seite 74 und 75, Hintergrund-Infos dazu → Seite 72) nutzen. Solche Hinweise fördern das Verständnis der Kinder, dass alte Regeln nicht einfach nur „doof" waren.

Ein Mensch, ein Tag – viele „Rollen"

Der Begriff „Rolle" ist im Gegensatz zu „Aufführung", „Bühne" und „Orchester" nicht im übertragenen Sinn gebraucht. Es geht um die sogenannte soziale Rolle, die – meist mehrmals wechselnd pro Tag – ausgefüllt wird. Sie umfasst die Summe der Verhaltensweisen, die Menschen von anderen in einer bestimmten Position erwarten. Dabei geht es um Aufgaben und Pflichten (was eine Person laut Erwartungen zu tun hat), Verbote und Tabus (was sie nicht tun darf) sowie Rechte und Privilegien (was ihr zugebilligt wird) – und das vorrangig aus der Sicht des jeweiligen Umfelds. Ein Beispiel: Eine verheiratete Frau, die Kinder hat und als Konrektorin einer Schule tätig ist, erfüllt an einem Arbeitstag mindestens diese sozialen Rollen: Ehefrau, Mutter, Vorgesetzte, Kollegin, nachgeordnete Arbeitnehmerin. Je nach familiärem Umfeld oder Freizeitaktivitäten kann sich das Spektrum noch erweitern: Sie kann Tochter, Schwester, Schwägerin, beste Freundin, Mitglied einer Sportmannschaft sein. Ein „Rollenwechsel" bis zu zehnmal am Tag ist durchaus möglich. Und jedes Mal können sich die Erwartungen, die das jeweilige Umfeld an diese Frau hat, ändern. Kinder haben zwar in der Regel noch nicht so viele soziale Rollen zu erfüllen. Trotzdem gibt es auch bei ihnen bereits unterschiedliche Erwartungen, wie eine bestimmte Rolle seitens des Umfelds gesehen wird. Beispiele: An einen Klassensprecher oder eine Schulsprecherin werden andere Anforderungen gestellt als an die anderen Kinder der Schulgemeinschaft; an einen Mannschaftskapitän andere als an die Sportteam-Mitglieder; an eine „große Schwester" andere als an den „kleinen Bruder". Wenn Kinder auf unterschiedliche Erwartungen an die jeweilige Rolle vorbereitet werden, haben sie es leichter, sich für die jeweils angemessene Verhaltensform zu entscheiden.

Hintergrund-Informationen zu den 4. Coaching-Seiten: So war es damals – wer weiß, warum?

Da die Kinder mit dem Finden von Begründungen in Einzelarbeit sicher überfordert wären, ist die Vorlage direkt für Gruppenarbeit konzipiert. Eine Zusatzvariante: Machen Sie ein Wettspiel aus dieser Aufgabe, bei dem entweder die witzigste Begründung – die natürlich nicht richtig sein muss –, die am nächsten kommende oder die richtige prämiert wird.

1. Die Dame ging immer rechts

Diese Regel entstand zu der Zeit, als die Herren links den Degen trugen. Wäre die Dame links gegangen, hätte erstens diese Waffe stark beim Nebeneinandergehen gestört. Außerdem hätte der Mann die Frau in Gefahrensituationen nicht schnell genug schützen oder sie gar verletzen können, wenn er den Degen zog. Deshalb war diese Regel damals sehr sinnvoll. Bis heute gilt die rechte Seite nach dem alten Grundsatz: „links schützt rechts" als „Ehrenseite". Dort lässt man also zum Beispiel (Ehren-)Gäste gehen. Viele Frauen bevorzugen heute allerdings die linke Seite des Mannes, etwa beim Spazierengehen oder in der Einkaufszone. Und das oft aus einem rein praktischen Grund: Wenn eine Frau eine große Tasche über der linken Schulter trägt und rechts von ihm ginge, wäre die Tasche ein ähnlicher Störfaktor wie ehemals der Degen. Deshalb gilt heute: Außer bei offiziellen Anlässen geht jedes Paar, wie es ihm gefällt.

2. Auf der Straße musste der Handschuh ausgezogen werden

3. Beim Gruß auf der Straße wurde der Hut gezogen

Beide Gesten sind ritualisierte Überbleibsel aus der Ritterzeit. Damals waren sie Zeichen dafür, dass jemand in friedlicher Absicht kam. Zog er den Kettenhandschuh aus, war er verwundbar. Setzte er gar den Helm ab, hätte er getötet werden können. Dieser Ursprung ist heute kaum noch bekannt. Selbst ältere Menschen, die das Handschuhausziehen und Hutabnehmen noch beigebracht bekommen haben, sehen das unter Höflichkeitsaspekten statt als „Friedensangebot". Trotzdem sollten die Gesten erwidert werden, wenn sie von Seniorinnen und Senioren praktiziert werden. Unter Jüngeren betrachtet es niemand mehr als „Kriegserklärung", wenn der Handschuh anbehalten wird.

4. Treppauf ging er vor, treppab hinter der Dame

Als diese Regel aktuell war, trugen die Damen ausnahmslos lange Röcke. Diese mussten sie natürlich beim Treppensteigen anheben, denn sonst wären sie sofort ins Stolpern gekommen. Damals galt es als „unschicklich", „unsittlich" und einfach „völlig unmöglich", wenn ein Mann ein Stückchen vom Bein einer Dame zu Gesicht bekommen hätte – und seien es auch nur einige Zentimeter der Fesseln. Das wäre aber unweigerlich der Fall gewesen, wenn der Herr sich – so, wie es heute ist – beim Hinaufgehen hinter ihr auf der Treppe befunden hätte. Also nahm man es offensichtlich damals in Kauf, dass er ihr nur noch hinterherwinken und „guten Flug" wünschen konnte, falls sie die Treppe rückwärts herunterfiel.

5. Gemüse, Eier und Salat durften nicht geschnitten werden

Diese Regel war früher sehr praktisch. Die damaligen Messer nahmen eine sehr hässliche, blau-schwarze Färbung an, wenn sie mit bestimmten Säuren in Verbindung kamen, die in diesen Lebensmitteln enthalten waren. Das sah erstens recht unappetitlich aus und konnte zweitens beim weiteren Essen den Geschmack der anderen Speisen beeinträchtigen. Modernes Besteck hat diesen Nachteil nicht mehr. Deshalb ist das ehemalige „Schneideverbot" aufgehoben.

6. Die Papierserviette wurde nach dem Essen auf den Teller gelegt

Die moderne Empfehlung, alle Arten von Servietten am Schluss links neben den Teller zu legen, ist noch sehr jung. Sie entstand durch neue Mülltrennungsverordnungen. Diese besagen, dass Papier und Speisereste nicht mehr zusammen entsorgt werden dürfen. Restaurantfachkräfte müssen Geschirr „spülmaschinenreif", also frei von jeglichen Resten, in der Küche abgeben. Läge nun die Papierserviette zwischen Soßen- und Essensresten auf dem Teller, hätten sie die unappetitliche Aufgabe, das „Papierknäuel" mit spitzen Fingern herauszufischen.

So war es damals
– wer weiß,
warum?

Bitte überlegt euch zu den folgenden alten Umgangsformen-Regeln Gründe, warum sie wohl früher so waren, woraus sie entstanden sein könnten oder warum sie heute anders sind. Es gibt jeweils einen kleinen Tipp, der euch auf die richtige Fährte führen kann.

1. Die Dame ging immer rechts

Der Tipp: Es hatte etwas mit einem alten Kampfgerät zu tun, das es heute noch im Sport gibt.

2. Auf der Straße musste der Handschuh ausgezogen werden

Der Tipp: Das war eine ritualisierte Geste, deren Ursprung so alt ist wie die Ritterrüstung.

3. Beim Gruß auf der Straße wurde der Hut gezogen

Der Tipp: Das steht mit dem zweiten Punkt im Zusammenhang. Beides hat etwas mit einem „Friedensangebot" zu tun.

4. Treppauf ging er vor, treppab hinter der Dame

Der Tipp: Denkt mal an Damenkleidung früherer Zeiten und was Menschen damals als „unschicklich" einstuften.

5. Gemüse, Eier und Salat durften nicht geschnitten werden

Der Tipp: Es hängt mit der Beschaffenheit von Messern zusammen.

6. Die Papierserviette wurde nach dem Essen auf den Teller gelegt

Der Tipp: Überlegt einmal, was ihr über Mülltrennung wisst.

4. Coaching-Seiten: Wissenstest: Umgangsformen damals

Grüßen und Begrüßen

– ist das nicht dasselbe?

Gerade Kinder werden diese Frage häufig stellen. Die Antwort: „Nein, es gibt dabei einen großen Unterschied. Und wer den nicht kennt, kann die verschiedenen Spielregeln nicht verstehen." Unter „Grüßen" fallen die Formen der Kommunikation, die ohne Körperkontakt stattfinden – ein Kopfnicken, winken, im Vorbeigehen „Hallo" sagen, Blickkontakt aufnehmen und sich zulächeln etwa. „Begrüßen" hingegen ist mit Berührung verbunden, wie beim Händedruck, bei einer Umarmung, Küsschen rechts-links – dem sogenannten Bussi-Bussi –, Jugendritualen wie „give me five" oder dem Handkuss.

Wer grüßt wen?

Diejenigen, denen der „Umgangsjoker" zuerkannt wird, haben das Recht, von anderen als Erste gegrüßt zu werden. Diese „Joker-Personen" sind:

> **auf der „privaten Bühne":**
- deutlich ältere Menschen,
- die Frau (sie kann auf den „Joker" verzichten und zum Beispiel auf der Straße einen guten Bekannten als Erste grüßen);

> **auf der „beruflichen Bühne" und in der Schule:**
- hierarchisch übergeordnete Personen (bei Ranggleichheit sind die „Joker" wie im Privatleben verteilt),
- Kundinnen und Kunden;

> **auf beiden „Bühnen":**
- eine Gruppe, wenn sich jemand hinzugesellt (etwa auf dem Schulhof oder auf dem Flur, auf der Straße),
- Anwesende in einem Raum, wenn jemand eintritt (wie Klassenraum, Lehrerzimmer, Schulsekretariat, Aufzug, geschlossenes Bahnabteil, Wartezimmer, Büro).

Die neun wichtigsten Spielregeln zum Grüßen

1. Ein Gruß ist ein Zeichen der Wertschätzung für andere Menschen: Ich nehme dich wahr und zeige dir, dass du es mir wert bist, gegrüßt zu werden.

2. Wird er mit Blickkontakt und einem Lächeln begleitet, ist er zusätzlich wie ein „Friedensangebot": Ich bin dir freundlich gesinnt, begegne dir mit Wohlwollen.

3. Deutlich jüngere Menschen grüßen im Privatleben ältere zuerst. Beispiele: Ein Kind grüßt Erwachsene, ein etwa Vierzigjähriger grüßt Seniorinnen und Senioren.

4. Unter relativ Fremden grüßt im privaten Bereich der Herr die Dame. Kennen sich zwei Personen recht gut, kann die Frau jedoch auch als Erste grüßen, zum Beispiel auf der Straße.

5. Im Beruf werden hierarchisch übergeordnete Personen gegrüßt. Beispiele: Azubis grüßen die Chefin oder den Chef, Schülerinnen und Schüler die Lehrkräfte, eine Abteilungsleiterin den Vorstandsvorsitzenden.

6. Eine Gruppe hat immer das Recht auf den ersten Gruß, wenn jemand dazukommt. Alter, Geschlecht und Hierarchie spielen dabei keine Rolle. Beispiele: Ein Erwachsener grüßt, wenn er sich zu einer Gruppe Jugendlicher gesellt, die Vorgesetzte eine Runde von Mitarbeitenden, auf die sie zugeht.

7. Gleiches gilt für Anwesende in einem Raum, wenn jemand eintritt. Beispiele: Eine Direktorin grüßt, wenn sie ins Schulsekretariat kommt, ein Chef, wenn er das Büro betritt, eine Vorgesetzte, wenn sie in den Firmenaufzug einsteigt, jede Person, die in ein Klassenzimmer hineingeht – immer vorausgesetzt, es sind dort bereits Menschen.

8. Eine geschlossene Tür ist eine Grenze, die erst nach dem Anklopfen passiert wird.

9. Beim Grüßen werden die Hände nicht in den (Hosen-)Taschen versenkt.

„Gib das schöne Händchen!"

Der zu Anfang des Kapitels angesprochene Unterschied zwischen diesen Gruß- und den Begrüßungsregeln besteht nicht darin, dass die „Joker" anders verteilt werden (außer bei „beide Bühnen" ➜ Seite 80). Es geht um das Entscheidungsrecht, ob Körperkontakt überhaupt gewünscht wird – und das haben die „Joker-Personen". Deshalb ist die früher fast durchgängig praktizierte Erziehungsformel: „Gib der Tante das schöne Händchen" falsch, wenn damit vermittelt wird: „Streck ihr als Erste oder Erster die Hand hin." Wenn kleine Kinder das gelernt haben, müssen sie spätestens als Jugendliche umlernen, wenn sie sich keine Chancen verbauen wollen, etwa berufliche. Ein Beispiel:

Ein Heranwachsender geht zu seinem ersten Vorstellungsgespräch. Mit ausgestreckter Hand stürmt er auf die Personalchefin zu – weil er ja denkt, so sei er besonders höflich („Gib-das-schöne-Händchen"-Effekt!) – und torpediert damit unter Umständen seine Aussichten auf einen Praktikumsplatz oder den Job. Sie meinen, das sei aber engstirnig von der Personalchefin, deshalb einen Bewerber abzulehnen? Nun: Großzügig wäre es sicher nicht. Die Gefahr einer solchen Reaktion im Berufsleben ist jedoch sehr realistisch und sollte nicht unterschätzt werden. In den letzten Jahren wird nicht nur ganz allgemein, sondern besonders im Berufsleben verstärkt auf gute Umgangsformen Wert gelegt. Bei relativ identischer fachlicher Qualifikation oder fast übereinstimmenden Zeugnisnoten von sich Bewerbenden führen unter Umständen solche „Kleinigkeiten" wie eine „falsche" Begrüßung zu einer Ablehnung. Immerhin hat der junge Mann gezeigt, dass er von Spielregeln bei der Begrüßung keine Ahnung hat, denn: Genau genommen hat die Personalchefin vier „Joker" - als Frau, als deutlich Ältere, als hierarchisch Übergeordnete und als Gastgeberin.

Wer begrüßt wen?

„Joker-Personen" haben unter anderem das Entscheidungsrecht, ob sie zur Begrüßung angefasst werden möchten oder nicht. Das bedeutet: Die Initiative, zum Beispiel für einen Handschlag, geht aus von:

> auf der „privaten Bühne":
- deutlich älteren Menschen,
- der Frau (unter guten Bekannten kann der „Joker" geteilt werden und auch ein Mann der Frau die Hand hinstrecken);

> auf der „beruflichen Bühne" und in der Schule:
- hierarchisch übergeordneten Personen (bei Ranggleichheit sind die „Joker" wie im Privatleben verteilt),
- Kundinnen und Kunden, sofern eine Gastgeberrolle (→ nächster Punkt) diesen „Joker" nicht aufhebt;

> auf beiden „Bühnen":
- der Gastgeberin oder/und dem Gastgeber.

Der „Kinder-Joker"

Meistens haben Erwachsene die „Joker" – nicht nur beim Grüßen und Begrüßen. Das kann Kinder ganz schön nerven. Deshalb nutzen Sie bitte diese Chance: Verdeutlichen Sie anhand der Gastgeberrolle, dass auch Kinder schon in bestimmten Situationen „Joker-Personen" sind. Dies können Sie ihnen folgendermaßen erklären: „Wenn du zu Hause Besuch von anderen Kindern bekommst, bist du die ,Joker-Person'. Das ist genauso wie unter Erwachsenen. Die Gastgeberin oder der Gastgeber reicht Gästen immer zuerst die Hand als Signal: ,Ich heiße dich auf meinem Terrain willkommen, tritt bitte ein.' Diese Rolle steht dir auch zu, wenn du beim Gäste-Empfang mal deine Eltern vertreten sollst. Beispiel: Deine Eltern erwarten Besuch, sind aber gerade noch etwas in Hektik, als es klingelt. Also bekommst du den Auftrag: ,Geh bitte und lass schon mal die Meiers rein. Ich komme gleich.' Dann hast du den ,Vertretungsjoker' und reichst sogar erwachsenen Gästen zuerst die Hand."

Eins, zwei, drei, wer hat die Hand? – Begrüßungs-reihenfolgen

Wer das „Joker-System" verinnerlicht hat, braucht nicht lange über die Reihenfolge nachzudenken, wenn nur wenige Personen begrüßt werden sollen. Entscheidend ist allerdings auch hier, auf welcher „Bühne" dies stattfindet. Ein Beispiel: Begrüßen Sie ein Paar im Privatleben, ist klar, dass die Dame als „Joker-Trägerin" zuerst dran ist. Im beruflichen Umfeld hingegen ist das unter dieser Bedingung umgekehrt: wenn es sich um einen Chef und eine Mitarbeiterin handelt. Denn dort hat der Boss den „Joker". Befinden sich diese beiden jedoch auf einer privaten „Bühne", gelten dort die gesellschaftlichen Spielregeln, die der Dame den Vorzug geben. Gleiches gilt bei deutlichen Altersunterschieden.

Die Begrüßungsreihenfolge in einer Gruppe war früher höchst kompliziert, weil auch geringe Altersunterschiede beachtet werden sollten. Das erste Recht hatte die älteste Dame, anschließend waren nach „Altersgefälle" alle anderen weiblichen Wesen dran. Das ganze Spektakel wiederholte sich angefangen beim ältesten Herrn. Wenn Sie sich dazu eine Gruppe von vier oder fünf Paaren vorstellen, können Sie den Begriff „Zickzacktanz" für eine solche Begrüßungsszene nachvollziehen. Außerdem standen dabei die Fettnäpfchen gleich reihenweise trittbereit, denn wer sieht schon so alt aus, wie es in seinem Pass steht?! Zum Glück ist das Schnee von gestern. Bei größeren Gruppen, etwa ab sieben Personen, wird heute einfach der Reihe nach begrüßt. Ausnahmen davon sind sinnvoll, wenn sich in der Gruppe eine herausragende „Joker-Person" befindet.

INFO

Erklären Sie den Kindern bitte, dass es heute beim gesamten „Joker-System" um große Altersunterschiede geht. Es greift bei Generationsunterschieden. Außerdem sollten Kinder dies wissen: Wenn in einer Gruppe nur Einzelne begrüßt und die anderen übergangen werden, fühlen sich die Nicht-Begrüßten zurückgesetzt und sind in der Regel gekränkt. Deshalb heißt es, die Entscheidung zu treffen: Entweder für alle gemeinsam einen freundlichen Gruß oder jeder Person in der Gruppe die Hand geben.

„Kinder können ja nicht mal mehr ordentlich ‚Guten Tag' sagen!"

Diese Beschwerde ist oft von Erwachsenen zu hören. Besonders Angehörige der älteren Generation können (oder wollen?) sich mit einem „Hallo" nicht anfreunden. Gleiches gilt für „Tschüss" bei einer Verabschiedung und andere Gruß-Modewörter. Viele Erwachsene sagen hingegen: „Besser ein ‚Hallo' als gar kein Gruß" oder sind selbst „Hallo-und-Tschüss-Typen". Deshalb ist es für Jugendliche schwierig, die jeweils gern gehörte Form zu bestimmen. Außerdem empfinden sie „Hallo" und „Hey" als durchaus freundlich und können Aversionen gegen einen solchen Gruß nur schwer verstehen. Trotzdem ist es gut, ihnen klarzumachen: Auch bei Gruß- und Abschiedswörtern spielen „Bühne", „Aufführung" und „Orchester" eine Rolle. Das hilft ihnen, variable Umgangsformen kennen und praktizieren zu lernen.

„Rück mir bloß nicht zu dicht auf die Pelle!"

Mit ziemlicher Sicherheit werden Sie dies kennen: Ein relativ fremder Mensch stürmt bei einer Begrüßung auf Sie zu und schüttelt Ihnen fast Nase vor Nase die Hand. Das wird Sie mindestens irritieren, eher sogar Aversion wecken. Diese wird sich noch verstärken, wenn er zusätzlich die Hand auf Ihre Schultern oder um Ihren Rücken legt. Er hat das ungeschriebene Distanzgesetz verletzt, das besagt: „Tritt einer relativ fremden Person körperlich nicht zu nahe." Es gilt unter anderem bei einer Begrüßung.

Erklärungsvorschlag für Distanzzonen: Die meisten Menschen eines Kulturkreises haben weitgehend übereinstimmende Empfindungen zu Distanz und Nähe. Das haben Verhaltenswissenschaftler herausgefunden. Es gibt bestimmte Erwartungen anderen gegenüber, wie nah sie kommen dürfen, ohne dass es als unangenehm empfunden wird, beziehungsweise welchen Abstand sie einhalten sollen. Diese Spannen werden auch Distanzzonen genannt. Im nord-, mittel- und osteuropäischen Raum sind die Empfindungen zu den folgenden vier Distanzzonen weitgehend übereinstimmend:

1. Intime Distanzzone: von ganz nahe einschließlich Körperkontakt bis zu ungefähr 50 Zentimetern.

    Der Umgang miteinander in diesem extrem nahen Raum bleibt Menschen vorbehalten, die wir lieben oder zumindest sehr mögen. Das drückt sich bei der Begrüßung zum Beispiel durch Umarmungen aus. Für Fremde ist das Eindringen in die intime Distanz tabu. Ausnahmen: der Gesellschaftstanz sowie helfende oder verschönernde Berufe. Beispiele: Beim Friseur oder bei der Ärztin. Dann ist klar: Ohne mich anzufassen, kann dieser fremde Mensch seinen Job nicht machen.

2. Persönliche Distanzzone: zwischen etwa 50 Zentimetern bis zu zirka einem Meter.

    In diesem Abstand wird der Händedruck als angebracht empfunden. Auch für Gespräche ist diese Distanz die geeignetste.

3. Gesellschaftliche Distanzzone: anschließend an die persönliche bis zu gut zwei Metern.

    Hier verhalten sich Menschen meist abwartend. Eine Begrüßung ist noch nicht möglich, eine Kontaktaufnahme durch Blickkontakt hingegen schon. In dieser Distanz bahnt sich meist der Gruß an, der dann in etwas geringerer Distanz ausgetauscht wird.

4. Öffentliche Distanz: darüber hinaus bis unendlich.

    In dieser Entfernung ist der Aufbau eines persönlichen Kontakts sehr schwierig, eine Begrüßung unmöglich. Für ein Gespräch ist diese Distanz ungeeignet.

Distanzzonen – gerade in der Schule ein Dauerthema

Über die Begrüßung hinaus wirkt sich das Thema Distanz und Nähe natürlich immer auf ein Beziehungsklima aus, besonders in Gesprächen. Gerade in der Schule haben Sie ständig mit diesem Phänomen zu tun. Stehen oder sitzen Sie während des Unterrichts an Ihrem Tisch vor der Klasse, sind Sie unausweichlich in der öffentlichen Distanz zu allen hinten sitzenden Kindern. Also haben Sie es schwer, aus dieser Entfernung einen direkten und intensiven Kontakt zu ihnen herzustellen. Deshalb ist es empfehlenswert, in bestimmten Situationen diese Distanz zu verringern. Ein Beispiel: Hinten in der Klasse entsteht ein Unruheherd. Dann haben Sie bessere Karten, ihn zu beseitigen, wenn Sie sich den betreffenden Kindern bis zur persönlichen (besten Ansprache-)Distanz nähern statt vorne zu bleiben. Außerdem verdient das Thema „Distanzzonen" im Unterricht auch unter diesem Blickwinkel Beachtung: Es lässt sich kaum vermeiden, dass Sie hin und wieder in die intime Distanzzone der Kinder eindringen. Versuchen Sie jedoch, dies so weit wie möglich zu reduzieren und es, wenn es unumgänglich ist, so kurz wie möglich zu halten. Sollten Sie von einem Kind um Hilfe gebeten werden: „Können Sie bitte mal grad kommen und mir ... zeigen?", ist diese Vorsicht allerdings überflüssig. Es ist dann auf Ihre körperliche Nähe eingerichtet und hat Sie quasi in seine intime Distanz „eingeladen".

„Ach, du geliebtes Knuddelbärchen – lass dich umarmen!"

Es gibt Erwachsene, die offensichtlich meinen, dass Distanzzonen im Umgang mit Kindern nicht existieren – je kleiner der „süße Fratz", desto weniger. Da wird von Tanten, Onkeln, von Omas und Opas geherzt und geküsst, was das Zeug hält. „Das Kind soll doch merken, wie lieb ich es habe!" Und wehe, es zeigt, dass es diese Knuddelei nicht möchte. Dann tritt Mama oder Papa auf den Plan: „Aber, aber, wirst du wohl nicht so garstig zu Oma (Opa, Tante, Onkel) sein! Nun gib mal schön brav einen Kuss!" Und der wird dann oft, weil als „eklig" oder „zu nass" empfunden, verstohlen, aber schnellstmöglich mit dem Handrücken weggewischt.

Ein kleiner satirischer Ausflug? Leider nein. Viel zu häufig die Realität. Deshalb eine dringende Bitte an „schmusefreudige" Erwachsene: Respektieren Sie die Grenzen von Kindern! Auch ein unerwünschtes Eindringen in die intime Distanzzone ist eine Grenzverletzung. Ihre Liebe zum Kind können Sie ihm viel besser zeigen, indem Sie den Wunsch nach Distanz akzeptieren, als wenn Sie es mit unwillkommenen Liebesbezeugungen überfallen.

Ich hier oben – du da unten

Die Aussage „Ein höflicher Herr steht zur Begrüßung einer anderen Person immer auf!" ist unverändert aktuell. Wie schon auf Seite 70 erklärt, ist hingegen die alte Regel „Eine Dame bleibt zur Begrüßung eines Herrn immer sitzen" überholt. Im Berufsleben ist es inzwischen selbstverständlich, dass Frauen wie ihre Kollegen bei einer Begrüßung aufstehen. Auf der privaten „Bühne" entscheidet „frau" das nach Gutdünken. Doch auch dort ist das Aufstehen sehr empfehlenswert. Zum einen zeigt es Wertschätzung für den (noch) stehenden Menschen. Zum anderen hat es diesen positiven Effekt: Alle befinden sich auf derselben Kommunikationsebene. Wenn eine Person sitzt und die andere steht, kann durch dieses Ungleichgewicht ein „Ungleichgefühl" entstehen: „Oben" ist mächtig, „unten" fühlt sich klein, machtlos, wie „gedeckelt": Ich armes Würmchen hier unten werde vom übermächtigen Oberen dominiert.

Die Empfehlung, bei einem Gespräch auf derselben Kommunikationsebene zu sein – alle stehen oder alle sitzen – lässt sich im Unterricht nicht durchgängig praktizieren. Wenn Sie dieses Thema mit den Kindern besprechen, verdeutlichen Sie bitte dies: In der Schulstunde gibt es spezielle Gepflogenheiten, die unter „Gruppenregeln" (→ Seite 27) fallen. Das „Gleichgewicht" im Sinn des gegenseitigen Respekts ist beim Aufstehen hierdurch gegeben: Kommst du zu mir, wenn ich an meinem Tisch sitze, brauche ich nicht aufzustehen. Das gleiche Recht hast du, wenn ich während der Stunde zu dir komme.

Über den möglichen Beginn von Unterrichtsstunden – gemeinsames Aufstehen der Klasse zur Begrüßung der Lehrkraft – herrscht sehr geteilte Meinung. Manche sehen es einfach nur als verstaubt und altmodisch an. Andere meinen sogar, es sei ein Relikt aus der Zeit der „Drill- und Prügel-Erziehung" und somit zu verteufeln. Doch es gibt auch Stimmen, die sagen: „Diese Begrüßungsform ist bestens zur Einstimmung auf und die innere Sammlung für die Stunde geeignet. Sie ist zudem mit modernen Umgangsformen-Regeln begründbar: Wir begrüßen uns auf derselben Ebene – alle stehend – danach setzen wir uns gemeinsam." Findet eine solche Erklärung statt und wird dieser Anfang zum Ritual, akzeptieren dies Kinder weitgehend problemlos – sogar dann, wenn nur einzelne Lehrkräfte eines Kollegiums dieses Begrüßungsritual pflegen. Selbstverständlich hängt die Akzeptanz bestimmter Rituale auch vom Alter ab. Wichtig ist, dass sie in gemeinsamer Absprache entstehen, von Zeit zu Zeit auf weitere Verwendbarkeit geprüft und gegebenenfalls geändert oder durch neue Rituale ersetzt werden.

Andere Zeiten – andere Sitten

Um den teilweise eklatanten Wandel von Sitten und Verhaltensformen zu dokumentieren, bietet sich das „Umfeld Schule" als prädestiniert an. Bis noch vor wenigen Jahrzehnten waren Rohrstock und Ohrfeige an der Tagesordnung. Lehramtsstudierende aus den 50er Jahren können bestätigen, dass es zu der Zeit Seminare zum Thema „Wie ein Kind zu züchtigen ist" gab. Eltern unterstützten teilweise die körperlichen Bestrafungen ihrer Kinder in der Schule mit Aussagen an Lehrerinnen und Lehrer wie: „Ja, ja, nehmen Sie unseren Sohn ruhig richtig ran, wenn's sein muss auch mal mit ein paar hinter die Löffel – dann lernt er besser!" Unwidersprochen blieben Aussagen von Lehrkräften wie: „Euer Vater ist für euch der Stellvertreter Gottes. Nach eurem Vater kommt der Pastor und dann ich – damit das klar ist!" Solche Geschichten erzählt zu bekommen, kann für Kinder sicher interessant sein. Vermutlich kennen sie von älteren Familienangehörigen ähnliche „Schul-Anekdoten". Wenn Sie Kindern die Wandlung hierarchischer Abhängigkeiten nahebringen wollen, gibt es allerdings auch gewaltfreie Beispiele. Diese eignen sich besonders dann besser, wenn Sie ein Rollenspiel damit gestalten wollen (➤ folgender Vorschlag).

Unterschiedliche Begrüßungsrituale im Wandel der Zeit

Folgende Beispiele belegen anschaulich und nicht minder eindrucksvoll, dass Umgangsformen unter anderem Ausdruck hierarchischer Strukturen sind. Ganz früher gab es Herrscher, die von ihren Untertanen als sichtbares Zeichen des Gehorsams und der Abhängigkeit verlangten, sich vor ihnen zu Boden zu werfen oder ihnen die Füße zu küssen. In späteren Jahrhunderten begnügten sich Gebieter „schon" mit einem Kniefall. Die nächste Stufe: Höflinge mussten sich mit einem tiefen Bückling bis in die Waagerechte verneigen und sich in dieser Haltung rückwärts aus dem Raum bewegen. Es war verboten, Blickkontakt mit dem Souverän aufzunehmen. Auch das demonstriert noch recht eindrucksvoll den Unterschied zwischen „oben" und „unten". Mit abnehmendem „Verbeugungswinkel" verzichteten viele Menschen dann mehr und mehr darauf, unterschiedliche gesellschaftliche Stellungen in einem Begrüßungsritual zu verdeutlichen (in manchen Ländern nicht → Seite 49). So gehen wir heute mit einem leichten Kopfnicken und offenen Blickkontakt aufeinander zu als Ausdruck der gegenseitigen Akzeptanz. Das gilt auch für Kinder – Knicks und Diener sind out! Es hat sich die Erkenntnis verbreitet, dass auch diese Begrüßungsformen Unterwerfungsgesten und somit nicht mehr zeitgemäß sind. Übrigens, dazu ein „königliches" Beispiel aus der Gegenwart: Noch bis vor kurzem verlangte es die britische Hofetikette, dass Frauen vor der „Queen" einen tiefen Knicks bis auf den Boden machten – den sogenannten Hofknicks. Ihre Majestät begnügt sich inzwischen mit einem weniger tiefen, ähnlich dem in früheren Zeiten für kleine Mädchen üblichen Knicks.

INFO

Sie können diese alten Rituale bis hin zur heutigen aufrechten Begrüßung von Kindern und Jugendlichen als „Schauspiel" darstellen lassen. Außerdem finden Sie zur Vertiefung der Themen „Grüßen" und „Begrüßen" die 5. Coaching-Seiten am Ende des Kapitels auf Seite 92 und 93.

Die zwölf wichtigsten Spielregeln zum Begrüßen

1. Die Wahl der Begrüßungsart hängt von der Vertrautheit zwischen Menschen ab. Umarmungen sind unter relativ Fremden unangebracht. Der Händedruck ist die in Deutschland beliebteste und verbreitetste Form.

2. Die Initiative dazu geht von der „Joker-Person" aus (→ Seite 80). Beispiele: Erwachsene reichen Kindern und Jugendlichen die Hand; betagte Menschen denen, die (mindestens) eine Generation jünger sind; ein Mann wartet ab, ob eine Frau ihm die Hand gibt. Der Meister reicht sie dem Azubi, ein Chef der Mitarbeiterin, eine Personalleiterin der oder dem sich Bewerbenden. Lehrerinnen und Lehrer geben den Heranwachsenden die Hand.

3. Eine zum Gruß hingestreckte Hand „in der Luft hängen" zu lassen ist sehr unhöflich. Damit würde die betreffende Person bloßgestellt, besonders, wenn noch andere anwesend sind. Beispiel: Ein Elternpaar kommt zum Sprechtag. Der Mann ist seiner Frau ein paar Schritte voraus und eilt auf einen Lehrer mit ausgestreckter Hand zu. Diese dann zu ignorieren, womöglich noch mit der Bemerkung „Sie wissen doch: Ladies first!", wäre kompromittierend und verletzend für den Vater.

4. Gastgeberinnen und Gastgeber reichen unabhängig von den Kriterien „Alter", „Geschlecht" und „Bühne" immer den Gästen die Hand. Beispiele: bei jeder Einladung zu Hause; in einem Büro, wenn Kundschaft kommt; in der Schule die Lehrkräfte den Eltern, etwa beim Tag der offenen Tür.

5. Die Begrüßungsreihenfolge richtet sich bei wenigen Personen danach, ob eine „Joker-Person" anwesend ist. Beispiele privat: erst die Dame, dann der Herr, erst eine etwa fünfzigjährige Frau, dann die zwanzigjährige, erst ein Erwachsener, dann ein Jugendlicher. Beispiele beruflich: Eine deutlich jüngere Vorgesetzte wird vor der älteren Mitarbeiterin begrüßt, ein Chef vor seiner Sekretärin, eine Lehrerin vor einer Schülerin.

6. Bei größeren Gruppen ab etwa sieben Personen wird heute einfach der Reihe nach begrüßt. Befindet sich eine „Joker-Person" darunter, ist es eine nette Geste, diese zu bevorzugen. Beispiele: eine Seniorin im Kreis von Jugendlichen, eine Frau zwischen mehreren Männern, ein Geburtstagskind im Kreis von Erwachsenen, eine Chefin inmitten mehrerer Mitarbeiter.

7. Es werden entweder alle in einer Gruppe oder keiner begrüßt, damit sich niemand zurückgesetzt fühlt. Ein freundlicher Gruß für alle gemeinsam ist eine höfliche Alternative, wenn die Begrüßung jeder und jedes Einzelnen zu lange dauern würde.

8. Es ist ein Zeichen von Wertschätzung, sich bei einer Begrüßung für die (noch) Stehenden zu erheben. Dies ist das stumme Signal: Du bist mir so viel wert, dass ich extra für dich meine Bequemlichkeit aufgebe und aufstehe. Außerdem ist es günstig, sich damit auf dieselbe Kommunikationsebene mit der kommenden Person zu begeben.

9. Der Handschlag wird oft auch als „Händeschütteln" bezeichnet. Richtiges Schütteln – besonders anhaltendes – ist jedoch äußerst unbeliebt! Das gilt ebenso für den „Schlaffi-Händedruck" sowie den „Kraftprotz-Quetscher". Der Händedruck in mittlerer Stärke, einige Sekunden gehalten, wird als angenehm empfunden. Kinder und Jugendliche haben mit der richtigen Dosierung oft Schwierigkeiten. Sie brauchen deshalb Tipps und Übungsgelegenheiten, die ihnen Erwachsene im alltäglichen Umgang geben können.

10. Bei einer Begrüßung haben die Hände nichts in irgendwelchen Taschen zu suchen.

11. Es ist wichtig, die angemessene Distanz einzuhalten. Wenn zwei Menschen mit jeweils leicht angewinkeltem Arm – so, wie es üblich ist – aufeinander zugehen, passt das automatisch. Der Händedruck findet dann außerhalb der intimen Distanzzone (→ Seite 84) in der persönlichen statt.

12. Der Blickkontakt gehört unbedingt dazu, ein Lächeln sollte ebenfalls nicht fehlen.

Grüßen und Begrüßen – hast du den Überblick?

Bitte versetze dich in die jeweils dargestellte Situation und kreuze an, welche der angegebenen Möglichkeiten oder Aussagen deiner Meinung nach richtig oder die besten sind. Beachte dabei bitte: Es muss nicht pro Frage jeweils nur eine richtige Lösung geben, manchmal sind es auch mehrere richtige oder empfehlenswerte Möglichkeiten.

1. Du wirst von jemandem gefragt, ob Grüßen und Begrüßen dasselbe ist. Was antwortest du?

a) Na, klar. Was soll es denn da wohl für einen Unterschied geben? ☐

b) Ich glaube, Grüßen hat was mit Anfassen zu tun. ☐

c) Nein, das ist nicht dasselbe. Es gibt dazu unterschiedliche Spielregeln. ☐

2. Du triffst auf der Straße eine Nachbarin. Welches Verhalten von dir ist für sie erfreulich und höflich?

a) Du blickst intensiv in die andere Richtung, um sie ja nicht zu stören. ☐

b) Du schaust sie an und grüßt sie. ☐

c) Dabei lächelst du auf keinen Fall, damit sie nicht denkt, du lachst sie aus. ☐

3. Eine Lehrerin bittet dich, etwas ins Schulsekretariat zu bringen. Welcher der folgenden Handlungsvorschläge ist deiner Meinung nach der beste?

a) Um deinen Auftrag so schnell wie möglich zu erledigen stürmst du ins Sekretariat, sagst: „Hey, das hier soll ich Ihnen von Frau Weise bringen", und saust wieder davon. ☐

b) Du klopfst an, ehe du hineingehst, und legst die Sachen wortlos vor der Schulsekretärin auf den Schreibtisch. Schließlich hat sie durch das Klopfen ja gehört, dass jemand eingetreten ist. ☐

c) Nachdem du angeklopft hast und eingetreten bist, sagst du zu der Sekretärin: „Guten Morgen, Frau Fleißig. Dies soll ich Ihnen von Frau Weise bringen." Dabei schaust du sie an und lächelst. ☐

4. Du erzählst deiner Mutter, was du zum Handreichen gehört hast. Welche deiner Aussagen soll sie glauben?

a) Kinder warten ab, bis ihnen von Erwachsenen die Hand gegeben wird. ☐

b) Eine Frau gibt einem Mann grundsätzlich als Erste die Hand. ☐

c) Wenn ich auf meine Lehrerin oder einen Lehrer zugehe, strecke ich ihnen dabei schon die Hand entgegen, wenn ich besonders höflich sein will. ☐

5. Anschließend fragt sie dich, was du über die Reihenfolge bei einer Begrüßung gehört hast. Welche der folgenden Erklärungen kann sie dir als richtig abkaufen?

a) Eine deutlich ältere Person wird im Privatleben vor einer jüngeren begrüßt. ☐

b) Im Beruf ist das nicht immer so. Dort kommt es darauf an, wer eine höhere Position in der Betriebshierarchie hat. ☐

c) Bei einer großen Gruppe kannst du heutzutage einfach der Reihe nach begrüßen, ohne unhöflich zu sein. ☐

6. Bitte entscheide, welche der folgenden Behauptungen wahr sind:

a) Es ist modern und zeigt Wertschätzung, wenn eine Frau zur Begrüßung eines Mannes aufsteht. ☐

b) Das Händeschütteln heißt deshalb so, weil die Hände bei einer Begrüßung möglichst lange geschüttelt werden sollen. ☐

c) Es ist wichtig, jemandem bei der Begrüßung nicht zu dicht auf die Pelle zu rücken und einen angemessenen Abstand einzuhalten. ☐

Die richtigen beziehungsweise besten Möglichkeiten sind:
1. c), 2. b), 3. c), 4. a), 5. a) + b) + c), 6. a) + c)

5. Coaching-Seiten: Quiz: Grüßen und Begrüßen

„Hallo, ich bin
die Neue"
– Vorstellen
und Bekanntmachen

„Na, prima. Dass du die Neue bist, sehen wir!", würden manche Kinder sicher nach einer solchen Selbstvorstellung am liebsten sagen. „Aber wie heißt du denn?" Doch der erste Teil der Aussage wäre nicht sehr nett und verunsicherte ein schüchternes oder ungeübtes Kind noch mehr. Damit die Frage nach dem Namen überflüssig wird, sollten bereits Kinder lernen, sich richtig vorzustellen. Und auch Erwachsene sind gut beraten, wenn sie die modernen Formen der Selbstvorstellung praktizieren und beim Bekanntmachen als Dritte mit aktuellem Wissen glänzen können.

Kinder und Jugendliche haben die gleiche Auswahlmöglichkeit bei den Formulierungen für eine Selbstvorstellung wie Erwachsene. Moderne und höfliche Formen sind:

1. Ich bin Anna Muster.
   Ich bin Linus Muster.
2. Ich heiße Lena Muster.
   Ich heiße Dominik Muster.
3. Mein Name ist Tina Muster.
   Mein Name ist Yannik Muster.
4. Ich bin/heiße/mein Name ist Lea.
   Ich bin/heiße/mein Name ist Kai.

Die Ich-bin-Version bei der Selbstvorstellung

Dies ist die aus psychologischer Sicht empfehlenswerteste, weil selbstbewussteste Form. Kinder haben damit in der Regel überhaupt kein Problem – deshalb ist es ratsam, ihnen direkt diese Form beizubringen – ein Großteil der Erwachsenen schon. Die Ich-bin-Form ist noch relativ neu. Alte Gewohnheiten einer anderen Selbstvorstellung sitzen tief und sind vertraut. Deshalb fühlen sich Erwachsene oft unwohl, wenn sie von sich als „Ich bin ..." sprechen sollen. Es zu lernen, lohnt sich jedoch! Damit wirken Sie nicht nur modern und höflich, sondern zusätzlich selbstsicher und souverän. Beispiele: „Ich bin Sabine Muster, eure neue Englisch-Lehrerin." „Ich bin Max Muster und ab heute euer Latein-Lehrer." „Ich bin Inge Muster, die Großmutter von Yannik Fehr, der bei Ihnen Deutsch-Unterricht hat." „Ich bin Peter Muster, der Vater von Andrea Muster in Ihrer 7 b."

INFO

Sollte Ihnen die „Ich-bin-Version" doch nicht recht von den Lippen gehen, können sie die gerade genannten Beispiele in „unechte" Ich-bin-Varianten ändern: „Ich bin eure neue Lehrerin und heiße ..." „Ich bin ab heute euer neuer Latein-Lehrer. Mein Name ist ..." „Ich bin die Großmutter/der Vater von ..." Erfahrungsgemäß fällt das den Erwachsenen, die eine Aversion gegen die Ich-bin-Selbstvorstellung haben, etwas leichter. Dabei sollte Ihnen allerdings bewusst sein, dass der Selbstsicherheitseffekt geringer ist als bei der echten Ich-bin-Version.

Traditionelle Formen mit modernem Zusatz

Die Einleitungen „Ich heiße …" oder „Mein Name ist …" sind für Erwachsene vertraut. Neu ist allerdings, dass unter modernen Gesichtspunkten nicht nur Jugendliche, sondern auch „die Großen" den Vornamen mitnennen sollten. Motto: Zu einem vollwertigen Menschen gehört auch der vollständige Name. Diese Formen sind höflich und wirken dann modern, wenn der Vor- und Zuname mitgeteilt wird. Die Nennung allein des Nachnamens gilt als altmodisch.

Der Freifahrtschein fürs Duzen

Wer sich anderen nur mit dem Vornamen vorstellt, erteilt diesen damit die Erlaubnis zum Duzen. Das hat weder etwas mit der Wortwahl – „Ich bin Louisa", „Ich heiße Felix" – zu tun noch mit dem Alter. Würden Sie sich also Kindern gegenüber so vorstellen, hätten Sie „den Knirpsen" damit die Duzerlaubnis erteilt. Ebenso ist das zwischen Erwachsenen. Deshalb ist die unter ihnen am häufigsten praktizierte Form die mit Vor- und Zunamen.

INFO

Erklären Sie Kindern und Jugendlichen, dass es Erwachsenen gegenüber besser ist, wenn sie den Vor- und Zunamen nennen. Innerhalb ihrer eigenen Altersgruppe ist das nicht immer nötig – schließlich duzen sich Heranwachsende sowieso –, jedoch natürlich auch „erlaubt" und in vielen Fällen besser, weil kompletter.

Vorsicht: Fettnäpfchen bei der Selbstvorstellung

Es handelt sich dabei zwar um solche, in die Kinder noch nicht treten können, der Vollständigkeit halber sollen sie jedoch erwähnt werden.

> „Mein Name ist Herr Muster." „Ich heiße Frau Muster." Der Zusatz „Herr" galt schon immer als stillos. Daran hat sich bis heute nichts geändert. Den Frauen hat man es im Gegensatz dazu zwar früher zugestanden, ihren Status als Verheiratete zu verdeutlichen. Doch diese Art der Selbstvorstellung gilt inzwischen als extrem altmodisch und ist deshalb nicht mehr empfehlenswert. Sie ist auch aus zwei Gründen unnötig geworden. Erstens gibt es keinen Unterschied mehr zwischen „niedrig gestellten ledigen" und „höher gestellten verheirateten" Frauen. Also braucht keine Frau mehr auf die „höhere Stellung" hinzuweisen. Zweitens ist die Anrede „Fräulein" abgeschafft (sie wird nur noch auf persönlichen Wunsch Einzelner verwendet), somit ein Hinweis auf die richtige Anrede überflüssig. Übrigens: Ein möglicher Grund, warum es auch schon früher bei Männern verpönt war, den Zusatz „Herr" zu gebrauchen: Es hat die Anrede „Herrlein" nie gegeben! Außerdem waren verheiratete und ledige Männer „gleich hoch gestellt".

> „Ich bin Professorin Dr. Muster." „Mein Name ist Dr. Peter Muster." „Ich bin Gräfin von Muster zu Musterwalde". Bei der Selbstvorstellung werden Titel wie akademische Grade und Adelsprädikate nicht mit genannt. Es zu tun, gilt als angeberisch. In traditionellen Akademiker- und Adelsfamilien wird Wert auf zurückhaltendes Verhalten gelegt. Deshalb ist es dort verpönt, mit eigenen Titeln zu prahlen.

INFO

Erklären Sie Jugendlichen, dass die Verwendung von Titeln beim Bekanntmachen durch Dritte (➜ nächster Absatz) anders geregelt ist. Dabei werden von der vorstellenden Person, also der dritten, akademische Grade und Adelsprädikate immer mit genannt.

Der (oft nicht) lachende Dritte
– Menschen miteinander bekannt machen

Die Selbstvorstellung gab es früher nicht. Es wurde grundsätzlich von einem Dritten – Frauen durften das damals nicht! – miteinander bekannt gemacht beziehungsweise vorgestellt. Doch das Blatt hat sich im Lauf der Zeit so gründlich gewandelt, dass die Praxis des Vorstellens vielen Menschen heute kaum noch geläufig ist. Deshalb häufen sich Fragen wie: „Wer wird wem vorgestellt? Welcher Name wird zuerst genannt?" Aus Unsicherheit drücken sich viele darum herum, andere miteinander bekannt zu machen. Teilweise werden sogar Gastgeberpflichten deswegen vernachlässigt und Gäste müssen allein sehen, wie sie Kontakt zu Fremden herstellten. Eine unerfreuliche Situation für die meisten Menschen – sogar für Selbstbewusste. Deshalb ist es wichtig, Jugendlichen die Sicherheit auch bei diesen Spielregeln zu vermitteln. Und zum Glück ist das ohne Schwierigkeiten möglich – vorausgesetzt, sie haben das „Joker-System" verinnerlicht.

Das Recht der „Joker-Personen" beim Vorstellen

Oft herrscht dazu der Irrglaube: Das Recht der „Joker-Personen" beim Vorstellen bestünde darin, als Erste vorgestellt zu werden. Das ist nachvollziehbar. Schließlich hat eine „Joker-Person" das Recht auf den ersten Gruß, beim Begrüßen reicht sie als Erste die Hand. Wenn es darum geht, Fremde kennen zu lernen, drückt sich die Bevorzugung jedoch durch dieses Entgegenkommen aus: Sie hat das Recht, als Erste zu erfahren, wer der Fremdling vor ihr ist, bekommt dadurch also einen Wissensvorsprung zuerkannt. Die „Joker-Verteilung" ist – ausgenommen: Anwesende im Raum – wie beim Grüßen (➜ Seite 77).

Vorstellen und Bekanntmachen
– stell dich bitte auf die Probe!

Bitte versetze dich in die jeweils dargestellte Situation und kreuze an, welche der angegeben Möglichkeiten oder Aussagen deiner Meinung nach richtig oder die besten sind. Beachte dabei bitte: Es muss nicht pro Frage jeweils nur eine richtige Lösung geben, manchmal sind es auch mehrere richtige oder empfehlenswerte Möglichkeiten.

1. **Ihr seid umgezogen und du gehst zum ersten Mal in deinen neuen Sportverein. Der Trainer sagt zu dir: „Ich muss gerade noch etwas erledigen. Geh schon mal zu den anderen da hinten. Ich komme gleich." Wie meisterst du die Situation deiner Meinung nach am besten?**

a) Du gehst auf die anderen zu und sagst: „Hallo, ich bin Stefanie/Stefan und heute zum ersten Mal hier. Wir sind nämlich gerade erst in diese Stadt gezogen." ☐

b) Du stellst dich zur Gruppe und fragst: „Wie heißt ihr? Ich bin die/der Neue." ☐

c) Du sagst: „Ich bin Stefanie/Stefan Muster, hallo auch. Ich bin neu hier im Sportverein." ☐

2. **Du bist von deiner Klassenkameradin Nicole zum ersten Mal zu ihr nach Hause eingeladen. Ihr wollt euch gemeinsam auf einen Test vorbereiten und lernen. Nachdem du geklingelt hast, öffnet ein Herr – du nimmst an, ihr Vater – die Tür. Wie wirst du dich verhalten, wenn du es richtig gut machen willst?**

a) Du fragst: „Ey, Mann, wo ist denn Nicole?", und drückst dich an ihm vorbei ins Haus, um die Klassenkameradin zu suchen. ☐

b) Du sagst: „Guten Tag, ich bin Leoni/Leon Löblich. Nicole hat mich eingeladen. Wir wollen zusammen lernen. Ist sie da?" ☐

c) Du erkundigst dich erst einmal: „Wer sind Sie denn? Etwa Nicoles Vater? Zu der will ich nämlich!" ☐

3. Ihr habt Besuch von der Familie deiner Tante, die in einer anderen Stadt wohnt. Du nimmst deine Cousine Simone zu einer Verabredung mit deiner Clique mit. Ihr wollt zusammen ins Kino. Die anderen stehen schon dort, als ihr ankommt. Welchen der folgenden Handlungsvorschläge hältst du für den besten?

a) Du gehst auf die anderen mit der Frage zu: „Na, habt ihr schon Karten gekauft?", und kümmerst dich nicht weiter um Simone. Die soll froh sein, dass du sie überhaupt mitgenommen hast. ☐

b) Du nimmst Simone mit zur Gruppe und sagst zu ihr: „Das sind Mirco, Alex, Jasmin, Maike und Sven. Hey, alle miteinander." ☐

c) Du gehst mit Simone zur Clique und sagst: „Hallo miteinander. Dies ist meine Cousine Simone aus Musterstadt. Sie ist bei uns zu Besuch. Simone, das sind Jasmin, Maike, Sven, Mirco und Alex." ☐

4. Du wartest mit deinem Freund Florian an der Haltestelle auf den Bus. Ihr seid auf dem Weg in die Stadt und diskutiert gerade heftig, was ihr dort alles tun wollt. Da kommt Frau Schulze, eine Freundin deiner Mutter, auf euch zu und begrüßt dich. Wie gestaltest du die Situation, damit sie für alle angenehm wird?

a) Das sagst zu Frau Schulze flüchtig „Hallo" und diskutierst weiter mit deinem Freund. ☐

b) Nachdem du auf Frau Schulzes Begrüßung mit „Guten Tag, Frau Schulze" geantwortet hast, fährst du fort: „Dies ist mein Freund Florian Muster. Wir wollen gerade in die Stadt, ein bisschen bummeln. Florian, das ist Frau Schulze, eine Freundin meiner Mutter." Danach redet ihr alle drei eine Weile miteinander. ☐

c) Du sagst zu Florian: „Ach, übrigens: Das ist eine Freundin meiner Mutter", und fängst ein Gespräch mit ihr an. ☐

5. Andi, dein Klassenkamerad, holt dich von zu Hause ab. Ihr wollt zum Sportplatz. Deine Mutter bittet dich, auf dem Weg etwas zu deiner Oma zu bringen, weil du direkt bei ihr vorbeikommst. Deine Oma freut sich und sagt: „Kommt doch kurz rein. Wenn ihr mögt, könnt ihr schnell ein Stück Kuchen essen." Da ihr Zeit habt und du ein Fan von Omas Kuchen bist, folgt ihr der Einladung. Wie kannst du deiner Oma beweisen, dass du's echt gut drauf hast mit den Spielregeln?

a) Nachdem ihr den Kuchen verputzt habt, sagst du beim Weggehen zu deiner Oma: „Das ist übrigens ein Klassenkamerad von mir." ☐

b) Du stürmst in die Küche und machst dich über den Kuchen her. Falls Oma wissen will, wen du da bei dir hast, kann sie ja fragen. ☐

c) Du sagst zu deiner Oma: „Das ist Andi Muster, mein Klassenkamerad. Wir sind auf dem Weg zum Sportplatz." Und zu Andi: „Dass dies meine Omi ist, weißt du ja schon. Sie heißt Anni Schneider." ☐

Die richtigen beziehungsweise besten Möglichkeiten sind:
1. a) + c), 2. b), 3. c), 4. b), 5. c)

6. Coaching-Seiten: Quiz: Vorstellen und Bekanntmachen

Die **richtige Anrede**

– viel Wind um **eine Lappalie?**

Nein – absolut nicht. *„Die liebste Vokabel eines Menschen ist sein eigener Name."* Dieser oft zitierte Satz beinhaltet viel Wahres. Je mehr und desto öfter Menschen zu Nummern werden – *„Ihre Zimmernummer bitte. Ach, wissen Sie nicht? Na ja, der Name tut's auch."* *„Nein, nein, nicht den Namen. Ich brauche Ihre Kundennummer"* – umso mehr wächst der Wunsch, sich aus dieser anonymen Zahlenmasse herauszuheben. Dazu kommt: Es gibt nach wie vor viele, die großen Wert auf die Anreden mit Namenszusätzen wie akademischen Graden legen. Auch das verwandte Thema *„Duzen und Siezen"* hat deutliche Auswirkungen auf die Kommunikation.

Durch die Anrede mit dem Namen wird das Gefühl vermittelt, als Individuum anerkannt und geschätzt zu werden. Dass sich dies günstig auf die Kommunikation auswirkt, ist für Jugendliche nachvollziehbar. Ein zusätzlicher, positiver Effekt: Wer mit seinem Namen angesprochen wird, entwickelt mehr Aufmerksamkeit für sein Gegenüber.

Nutzen Sie diese Wirkung, indem Sie etwa in „Störsituationen" die Kinder mit Namen ansprechen. Beispiel: In den hinteren Reihen in der Klasse ist ein Unruheherd entstanden. Mit einer Aufforderung wie: „He, ihr da hinten. Könnt ihr nicht endlich ruhig sein?" werden Sie weniger Erfolg haben, als wenn Sie sagen: „Carolin, Benedikt und Joana, seid jetzt bitte sofort ruhig." Erstens wegen des erhöhten Aufmerksamkeitseffekts. Zweitens, weil die Angesprochenen sich nicht mehr hinter dem anonymen „ihr da hinten" – wer ist das schon? – verstecken können. Drittens, weil Fragen keine Grenzen setzen (→ Seite 131).

„Nein, nicht ‚Schindelhuber'. Mein Name ist ‚Schmiedhubler'."

Wer eine Korrektur seines Namens bei einer Erstbegegnung oder am Telefon vornehmen muss, wird sich darüber kaum aufregen. Aber stellen Sie sich bitte einmal die folgenden Situationen vor: Sie sind seit acht Wochen an einem neuen Arbeitsplatz – Ihre Chefin kennt Ihren Namen noch nicht. Sie spielen seit einem Jahr in einer Handballmannschaft – Ihr Trainer verwechselt sie pausenlos mit einem anderen Teammitglied. Würde Sie das freuen? Wohl kaum. Die meisten Menschen ärgert es, wenn ihnen so etwas widerfährt. Darüber hinaus empfinden viele ein solches Verhalten als Missachtung ihrer Person, als Geringschätzung und Respektlosigkeit. Das brüskiert, kränkt oder verletzt – je nach „Emotionstyp" und Wichtigkeit, die der anderen Person beigemessen wird.

Vergegenwärtigen Sie sich bitte, dass Kinder genauso empfinden. Wenn Sie deren Namen noch nach längerer Zeit verwechseln, falsch aussprechen oder gar nicht kennen, kann das über emotionale Ablehnung hinaus die „innere Kündigung" oder sogar Aggression auslösen. Zugegeben: Sie haben dabei im Vergleich zu den Jugendlichen das größere Stück Arbeit zu bewältigen, wenn Sie in eine neue Klasse kommen. Doch das ist den Kindern sehr bewusst. Und keines von ihnen wird erwarten, dass Sie im Rekordtempo alle neuen Namen gespeichert haben. Wichtig ist zu Anfang, das Gefühl zu vermitteln: „Ich will eure Namen so schnell wie möglich lernen, weil ihr mir wichtig seid. Bitte helft mir dabei." Gegebenenfalls ist ein Zusatz hilfreich wie: „Und gebt mir dafür bitte etwas Zeit. Ich habe nämlich in diesem Schuljahr vier neue Klassen."

Erklären Sie den Kindern bitte, dass es wichtig ist, sich die Namen von Menschen richtig zu merken und sie auch zu verwenden. Beispiel: „Es ist weitaus besser, bei einem Gruß nicht nur ‚Hallo' oder ‚Guten Tag' zu sagen, sondern den Namen der Person anzufügen." Das gilt auch in der Schule: „Guten Morgen, Frau Schneider", „Guten Tag, Herr Schulze", „Hallo, Patrick", „Hey, Lucia." Weisen Sie auch darauf hin, dass es andere kränkt, wenn man ihren Namen trotz mehrfacher Erklärung falsch ausspricht oder sich keine Mühe gibt, ihn zu lernen.

Nicht nur beim Namen genannt – Titel, Thesen, Temperamente

Wie man den Bundespräsidenten anredet (Herr Bundespräsident) oder eine Bundeskanzlerin (Frau Bundeskanzlerin), die Queen (Majestät) oder den Papst (Eure Heiligkeit/Heiliger Vater) brauchen Kinder nicht zu wissen. Sie werden solchen Persönlichkeiten kaum jemals begegnen. Und kündigt mal eine Schulministerin ihren Besuch an, reicht es, ihnen kurz vorher zu sagen, dass sie mit „Frau Ministerin" in den meisten Bundesländern richtig liegen (Ausnahmen: Bayern, Hessen, Rheinland-Pfalz und Sachsen: Frau Staatsministerin; Berlin, Bremen und Hamburg: Frau Senatorin). Über höfliche Anreden im täglichen Umgang jedoch sollten Jugendliche Bescheid wissen.

Dass Erwachsene mit „Frau Muster" und „Herr Beispiel" statt mit „Du da" oder „Ey, Mann" angesprochen werden, müsste Kindern schon geläufig sein, ehe sie in die Schule kommen. Dort werden manche von ihnen allerdings mit Namenszusätzen wie akademischen Graden konfrontiert, vorrangig mit dem Doktortitel. Jugendliche sind oft anfangs mit solchen Anreden überfordert oder beim richtigen Gebrauch verunsichert. Das ist kein Wunder bei den unterschiedlichen Meinungen der Erwachsenen zu diesem Thema. So meinen die einen: „Ich pfeif' was drauf, jemanden mit ‚Dr. Sowieso' anzusprechen. Schließlich habe ich genauso viel im Leben geschafft wie der!" Andere behaupten: „Ein Doktortitel gehört generell zum Namen und muss mit ausgesprochen werden." Die „Doktorschaft" selbst teilt sich ebenfalls in zwei Lager.

Viele legen großen Wert darauf, mit dem akademischen Grad angesprochen zu werden. Andere wollen ihn am liebsten gar nicht hören. Wie also aus diesem Durcheinander herausfinden? Ganz einfach: mit der gängigen Spielregel. Sie besagt: Eine Nicht-Titelträgerin oder ein Nicht-Titelträger (bei Erwachsenen, als Kind also immer) spricht eine Person, die promoviert hat, mit Namen und Doktortitel an. Nur, wenn diese von sich aus anbietet: „Ach, lassen Sie den Doktor ruhig weg. Mir reicht der Name!" – oder dies mit einer ähnlich formulierten Aussage tut –, wird der Doktor-Zusatz weggelassen. Die Ausnahme: Promovierte untereinander verzichten in der Regel auf ihn. Mit dem Doktortitel angesprochen zu werden, ist allerdings nur ein „Höflichkeitsrecht", wenn auch ein sehr altes. Einen gesetzlichen Anspruch darauf gibt es nicht.

In diesem Zusammenhang können Sie den Jugendlichen auch direkt die richtige Anrede bei einem Professoren-Titel erklären. Er wird unter Höflichkeitsaspekten ebenfalls nur auf Wunsch des Angesprochenen weggelassen. Hat jemand mehrere akademische Grade, wird nur einer beziehungsweise der höchste bei der Anrede gebraucht. Lediglich in der Anschrift bei einem Brief werden alle aufgeführt. Beispiele:

- Herrn Dr. Dr. h. c. Willy Kluge
- Frau Dr. Dr. Elisabeth Helle
- Herrn Professor Dr. Christian Schlau
- Frau Professorin Dr. Dr. e. h. Catharina Clever

Die entsprechenden Anreden:

- Herr Dr. Kluge
- Frau Dr. Helle
- Herr Professor Schlau
- Frau Professorin Clever

Weiterführende Erläuterungen dazu:

> „Professorin" und „Professor" sollen, wenn eben möglich, aus-
geschrieben werden, in einer schriftlichen Anrede immer. Nur
bei extremen Platzmangel, etwa bei einer Adresse, wird als
Notlösung die Abkürzung gebraucht.

> „Dr." hingegen wird üblicherweise abgekürzt verwendet, selbst
bei der schriftlichen Anrede. Vermutlich ist das der Grund, warum es im Gegensatz zu „Professorin" noch nicht allgemein üblich geworden ist, „Frau Doktorin" zu sagen. Der Weg dahin
kann allerdings nicht mehr allzu lang sein. In der neuesten
Duden-Ausgabe ist „Doktorin" bereits enthalten.

> Und ein zwar „untiteliger", jedoch in diesem Zusammenhang
hilfreicher Zusatz für Kinder: Es ist unhöflich, einen Doppelnamen einfach zu „halbieren". Die meisten „Doppelbenamten"
legen Wert darauf, beide Teile zu hören. Deshalb gilt hier das
Gleiche, was zur Weglass-Erlaubnis bei akademischen Graden
ausgeführt ist.

Mit dem Sie auf Duzfuß stehen

Ob es gut oder schlecht, förderlich oder hinderlich ist, wenn Lehrkräfte sich von ihren „Zöglingen" duzen lassen, kann wohl selbst durch endlose Debatten nicht eindeutig geklärt werden. Zu verschieden sind die Einstellungen zum Du, zu individuell bleibt der Umgang mit Distanz und Nähe. Klar ist jedoch: In unserer Sprache werden das Sie und das Du emotional Distanz und Nähe zugeordnet. Von einem gewissen Alter an wird der Übergang vom Sie zum Du als Aufhebung einer sprachlichen Grenze empfunden. Das kann weitere – unter Umständen unliebsame – Grenzverschiebungen nach sich ziehen. So ist der bekannte Satz: „‚Du Rindvieh' sagt sich schneller als ‚Sie Rindvieh'", nicht ohne Wahrheit.

Sicher: Es ist immer eine Frage der Persönlichkeit, trotz Duzens keine Grenzübertretungen zuzulassen. Ebenso, trotz Siezens Vertrautheit oder gar Intimität aufkommen zu lassen. Es gibt Erwachsene, die voneinander sagen, eine wunderbare, tiefe und jahrzehntelange Freundschaft zu pflegen, ohne je vom Sie zum Du gewechselt zu haben. Doch das sind Ausnahmen, denen das Empfinden der Allgemeinheit und die üblichen Gepflogenheiten entgegenstehen. Und von Letzterem werden Kinder geprägt. Für die meisten von ihnen bedeutet „üblich" beim Reden miteinander: „Große Leute" duzen sich nur, wenn sie sich näher kennen oder einer bestimmten Gemeinschaft angehören (Gruppen-Du). Relativ fremde Erwachsene sagen „Sie" zueinander. Kinder werden von ihnen geduzt und duzen sich untereinander. In dieses Sprachmuster-Bild lässt es sich unkompliziert einordnen, wenn Kinder in der Schule von Lehrerinnen und Lehrern bis zu einem bestimmten Alter geduzt werden und sie diese siezen.

„Hey, Sie – lass uns man duzen!"

Erklären Sie den Kindern bitte, welche Spielregeln es zum Du-Anbieten gibt. Auch hier greift wieder das „Joker-System" – bis auf eine Ausnahme: Auf der privaten „Bühne" ist es unter etwa Gleichaltrigen unerheblich, ob eine Frau dem Mann oder er ihr das Du anbietet. Ansonsten gilt: „Joker-Personen" haben mal wieder einen Sonderbonus. Sie entscheiden, ob sie sich mit anderen duzen mögen oder nicht. Also bietet auf der privaten „Bühne" die deutlich ältere Person der jüngeren, auf der beruflichen „Bühne" die hierarchisch übergeordnete Person das Du an.

Einige Beispiele:

> Eine Schülerin oder ein Schüler fragt eine Lehrkraft nicht: „Wollen wir uns duzen?"
> Jugendliche sagen nicht zu Erwachsenen: „Ey, lass uns doch du sagen!"
> Ein Azubi überfällt nicht seinen Meister mit der Aussage: „Ab heute sollten wir uns duzen."
> Jemand aus dem Kollegium trägt der Direktorin oder dem Direktor nicht die Bitte vor: „Ich fände es besser, wenn wir uns duzen."
> Ein Mitarbeiter wünscht sich nicht von seiner Chefin: „Bitte, ich finde es für die Zusammenarbeit angenehmer, wenn wir uns duzen."
> Eine Assistentin der Geschäftsleitung verschont den Vorstandsvorsitzenden mit der Bitte: „Können wir uns nicht duzen?"

Die richtige **Anrede**
– bitte **teste**
dich selbst **!**

Versetze dich bitte in die jeweils dargestellte Situation und kreuze an, welche der angegeben Möglichkeiten oder Aussagen deiner Meinung nach richtig oder die besten sind. Beachte dabei bitte: Es muss nicht pro Frage jeweils nur eine richtige Lösung geben, manchmal sind es auch mehrere richtige oder empfehlenswerte Möglichkeiten.

1. Bitte entscheide, welche der folgenden Behauptungen wahr sind:

a) Es ist völlig überflüssig, sich die Namen von Leuten zu merken. ☐

b) Bei einem Gruß ist es besser, den Namen der Person anzufügen, die gegrüßt wird, statt einfach nur „Hallo" oder „Guten Tag" zu sagen. ☐

c) Menschen können sich gekränkt fühlen, wenn du ihre Namen gar nicht lernen und behalten willst. ☐

2. Ihr bekommt eine neue Lehrerin. Es ist euch gesagt worden, dass es sich um Frau Dr. Martina Krechel handelt. Wie sprichst du sie richtig an?

a) Na, mit „Frau Krechel", was denn sonst? ☐

b) Du sagst „Frau Dr. Krechel" zu ihr. ☐

c) Nur, wenn sie sagt: „Lass ‚Dr.' ruhig weg. Sag einfach ‚Frau Krechel' zu mir", tust du das. ☐

3. Wie wird deiner Meinung nach eine Professorin richtig angesprochen, die außerdem noch einen Doktor-Titel hat?

a) Mit „Frau Doktor Professor Muster". ☐

b) Mit „Frau Muster". Alles andere ist doch viel zu lang. ☐

c) Mit „Frau Professorin Muster". ☐

4. Eine gute Bekannte deiner Mutter hat einen – wie du findest – unmöglichen Namen: Süberkrülste-Glangmeier. Jedesmal, wenn du mit ihr redest, verknotet sich fast deine Zunge, wenn du den Namen aussprechen willst. Welche der folgenden Empfehlungen befolgst du, wenn du dich super gut verhalten willst?

a) Du übst weiter, den Namen richtig auszusprechen und sagst ihn immer vollständig. ☐

b) Du lässt einfach das „Süberkrülste" weg, weil es noch schwieriger auszusprechen ist, als „Glangmeier". Der eine Name reicht ja schließlich auch. ☐

c) Du redest sie einfach gar nicht mehr mit Namen an. Wozu auch dieser Umstand? ☐

5. Du hast seit einiger Zeit einen Lehrer, den du einfach toll findest. Echt cool, dieser Typ. Deshalb möchtest du ihn gern duzen. Welchen der folgenden Schritte hältst du für höflich?

a) Du gehst nach einer Stunde zu ihm und sagst: „Ich find Sie total super. Lass uns doch einfach ‚du' sagen." ☐

b) Du traust dich nicht, ihm das persönlich mitzuteilen. Deshalb schickst du ihm eine SMS: „Ich möchte Sie gern duzen, weil ich Sie super cool finde!" ☐

c) Du tust nichts dergleichen, weil du weißt: Der Lehrer ist eine der „Joker-Personen", und die haben das alleinige Recht, das Du anzubieten. ☐

Die richtigen beziehungsweise besten Möglichkeiten:
1. b) + c), 2. b) + c), 3. c). 4. a), 5. c)

7. Coaching-Seiten: Quiz: Anreden

Stumm, aber

eindrucksvoll – die
Körpersprache

Wie wichtig für eine gute Kommunikation richtige Formulierungen und Wörter sind, ist weitgehend bekannt. Der große Einfluss, den die „stumme Sprache" der Menschen auf das angenehme und unkomplizierte Miteinander hat, wird hingegen oft noch unterschätzt. Dabei sagen die – meist unbewussten – Signale des Körpers oft mehr als Worte. Oder sie widersprechen ihnen sogar. Deshalb ist es sehr wichtig, sich mit dem Thema „Körpersprache" zu beschäftigen – und zwar statt auf oberflächliche auf die empfehlenswerte Art.

„Lümmel dich nicht so auf dem Stuhl herum!" „Schlurf nicht so beim Gehen!" „Nimm die Hände aus den Taschen!" „Sitz gerade!" Wie oft hören Kinder und Jugendliche diese und ähnliche Ermahnungen wohl von Erziehenden? Für ihren Geschmack sicher viel zu oft! Doch wissen sie überhaupt, warum Erwachsene so viel Wert auf „die richtige" oder „eine gute" Haltung des Körpers legen? Sicher eher nicht. Deshalb fördert es das Verständnis der Kinder, wenn sie etwas über Körpersprache erzählt bekommen. Klar: Ihnen einen „Deutungskanon" von Gesten zu präsentieren nach dem Motto: „Wenn jemand diese Bewegung macht, bedeutet das jenes" wäre unangebracht. Das ist selbst für Erwachsene die denkbar schlechteste Methode, sich mit Kinesik (abgeleitet vom griechischen Wort „Kinesis" – Bewegung) zu befassen.

Der Grund: Eine solche viel zu oberflächliche Beschäftigung mit der Körpersprache führt oft zu Fehl- und Vorurteilen. Eine einzelne, isoliert betrachtete Geste, Haltung oder Bewegung hat keine exakt bestimmbare Bedeutung. Beispiel: Eine Person, die mit Ihnen im Gespräch ist, verschränkt die Arme vor der Brust. Hätte man Ihnen in einem „Körpersprache-Blitz-Kursus" beigebracht (wie es leider viel zu oft geschieht!): „Die Geste bedeutet zweifelsfrei, dass sich die Person vor Ihnen verschließt und sich innerlich abwendet", könnten Sie mit dieser Interpretation total daneben liegen. Genauso gut wäre es möglich, dass Ihr Gegenüber friert und sich einfach nur etwas Wärme verschaffen möchte.

Nur, wer sich tiefer gehend mit Körpersprache beschäftigt, hat Vorteile von Interpretationen – dann jedoch große. Es ist sehr hilfreich für die Kommunikation, auf diese „Erstsprache" zu achten, sie zum Beispiel mit dem Gesprochenen abzugleichen. Taucht dabei eine Inkongruenz auf, ist

das ein wichtiges Warnsignal: Vorsicht: Da stimmt was nicht! Das ist übrigens ein typisches „Bauch-Phänomen", das auch Menschen empfinden, die sich nie näher mit Körpersprache beschäftigen. Gerade Kinder
haben dafür ein gutes Gespür. Beispiel: Wenn eine erwachsene Person zu
einem Kind sagt: „Ja, ja, ich hör dir ja zu", deren Körpersprache aber das
Gegenteil ausdrückt, weil sie sich dem Kind weder zuwendet noch
Blickkontakt mit ihm aufnimmt, glaubt es der verbalen Aussage nicht.
Diese Überzeugung teilen Kinder übrigens mit Erwachsenen. Bei dieser
so genannten Double-Bind-Kommunikation wird grundsätzlich der
Körpersprache mehr Glauben geschenkt als dem Gesprochenen.

INFO

Bringen Sie Kindern das Thema Körpersprache nahe, indem Sie Ihre Haltungs-
ermahnungen erklären. Verwenden Sie dafür bitte Formulierungen wie: „Wenn …
(eine bestimmte Körperhaltung), dann empfinden das viele Menschen als …" oder
„… dann wirkt das auf die meisten, die es sehen, so …" und ähnlich. Damit wird si-
chergestellt, dass die oberflächliche Interpretation „… dann bedeutet das …" gar
nicht erst von den Kindern aufgenommen wird. Beispiele:

- „Wenn du dich so auf dem Stuhl rumlümmelst, denken die meisten Menschen, du
  bist unaufmerksam, desinteressiert oder sie fühlen sich missachtet."
- „Wenn du beim Gehen die Füße so über den Boden schleifst, wirkt das auf
  andere, als wärst du müde, schlapp, lustlos oder total schwach."
- „Ältere Menschen empfinden es als respektlos, wenn jemand die Hände in den
  Taschen hat, während er mit ihnen spricht."

Beim letzten Punkt können Sie zusätzlich auf den Generationskonflikt eingehen.
Unter Jüngeren und in legerer Atmosphäre wird eine Hand in der Tasche heute mehr
als Entspannungsgeste gesehen. Trotzdem bleibt es bei der Höflichkeitsregel: Beim
Grüßen und Begrüßen, Vorstellen und Bekanntmachen sollen die Hände immer aus
den Taschen genommen werden. Das gilt auch für Frauen und Mädchen!

Alle Augenblicke ein Blick in die Augen

Auch zum Blickkontakt gibt es ungeschriebene Gesetze. Eines davon besagt: „Je enger du mit fremden Menschen in einem Raum bist, desto weniger Blickkontakt bitte!" Typisches Beispiel: ein Fahrstuhl. Dort schauen die Leute lieber 13 Etagen lang wie gebannt auf das Schild: „Aufzug im Brandfall nicht benutzen" (als ob nicht jeder wüsste, was darauf steht!) oder zu Boden oder auf die Stockwerksanzeige oder sonst wo hin. Hauptsache, nicht jemandem aus Versehen in die Augen blicken. Das könnte als aufdringlich oder gar „Kriegserklärung" verstanden werden. Eines ist richtig: Wenn Fremde auf engem Raum zusammentreffen, ist die Vermeidung von Blickkontakt eine Art Schutzfunktion. Eine Fehlmeinung ist hingegen, dass die in einem Fahrstuhl unbedingt nötig ist.

INFO

Weisen Sie die Kinder und Jugendlichen darauf hin, wie entkrampfend gerade in der Fahrstuhlsituation ein freundlicher Gruß sein kann. „In Hotels und Firmengebäuden gehört er sowieso zum Repertoire höflicher Menschen. Gäbe es in einer Schule einen Aufzug, wäre das genauso. In Kaufhäusern beispielsweise ist es weniger üblich, einen Fahrstuhl mit einem Gruß zu betreten. Aber es ist höflich, nicht verboten und – es macht Spaß! Allein die verdutzten Gesichter und unterschiedlichen Reaktionen zu beobachten, wenn du mit einem fröhlichen ‚Guten Tag' und einem Lächeln einsteigst, ist wie ‚Kino'. Und das kostenlos!"

Auch auf der Straße ist die Vermeidung von Blickkontakt ein Schutz. Wer nicht angesprochen werden will, etwa bei Werbung, richtet seinen Blick stur am „Anpreiser" vorbei. Das ist ein untrügliches Signal für: Ich möchte in Ruhe gelassen werden. Außerdem ist dort ein länger gehaltener Blickkontakt irritierend. Vermutlich kennen Sie dies: Schaut Sie jemand auf der Straße mehr als ganz flüchtig an, beginnt es sofort im Kopf zu rotieren: „Müsste ich den kennen? Sollte ich grüßen?" Darüber hinaus kann dort ein länger gehaltener Blickkontakt als unverschämtes Anstarren oder gar Bedrohung empfunden werden.

Ganz anders im Gespräch. Dort lauten die ungeschriebenen Gesetze umgekehrt: Wer seinem Gegenüber nicht in die Augen schauen kann, handelt sich Minuspunkte ein, wird schlimmstenfalls als unehrlich eingestuft. In unserem Kulturkreis gilt es als höflich, in einem Gespräch direkten Blickkontakt zu halten. Das fällt vielen Kindern und Heranwachsenden schwer, oft aus Unsicherheit oder wegen Schüchternheit. Teilweise aber auch, weil sie nicht von klein auf seitens der Erwachsenen erlebt haben, dass diese ihnen in die Augen geschaut haben, wenn sie mit ihnen sprachen. Sicher gibt es viele Erziehende, die von Anfang an zu Kindern sagen: „Schau mich bitte an, wenn wir miteinander reden." Kinder, die das erleben, haben es leichter als andere, den Blickkontakt in einem Gespräch ganz selbstverständlich zu praktizieren. Doch auch ihnen wird das folgende Spiel, das Schüchternen und Ungeübten weiterhilft, Spaß machen.

INFO

Wenn Sie merken, dass ein Kind Schwierigkeiten mit dem Blickkontakt hat, bieten Sie ihm das „Ich-habe-nur-Augen-für-dich-Spiel" an. Zwei Personen, zum Beispiel Gleichaltrige, sitzen oder stehen sich auf Augenhöhe gegenüber. Die Grund-Spielregel lautet: Jeder schaut der oder dem anderen permanent in die Augen und zwar so lange wie möglich. Die weiteren „Feinabstimmungsregeln" können individuell vereinbart werden. Zum Beispiel: Gewonnen hat, wer am längsten ohne zu zwinkern aushalten konnte. Oder wer sein Gegenüber dazu gebracht hat, den Blickkontakt zu lösen. Grimassen schneiden kann verboten oder erlaubt sein. Ist Letzteres der Fall, erhöht sich der Schwierigkeitsgrad des Spiels, und es kann die Person gewinnen, die es schafft, nicht zu lachen. Dieses Spiel fördert nicht nur die Fähigkeit zum Blickkontakt. Es eignet sich auch gut für die Erfahrung, was „angestarrt werden" bedeutet.

Klartext reden
– aber bitte richtig!

„Mit dir muss ich wohl wieder mal Klartext reden, oder?" Wenn Erwachsene diesen Satz zu Kindern sagen, klingt er wie eine Drohung – und ist meistens auch als solche gemeint. Denn anschließend wird oft gewettert und geschimpft, es werden Verwarnungen ausgesprochen und Sanktionen verhängt. Schade, dass manche Erziehende sporadisch auf diese destruktive Art Klartext reden, statt beständig auf die konstruktive Weise. Wer Letzteres tut, erspart sich und anderen viele Konflikte, und er gibt Kindern das Vorbild, wie eine Verringerung von Alltagsstress erreichbar ist. Kurz: Er fördert den angenehmen Umgang miteinander immens. Jedoch nur unter dieser Bedingung: Das „Klartext reden" beachtet Grenzen und basiert auf der Wertschätzung für andere Menschen.

Zehn Rede-Spielregeln helfen, sich besser zu verstehen:

1. Aktiv zuhören statt mit halbem Ohr hinhören

„Wenn ich rede, hast du Sendepause!" Wie viele Millionen Mal mag dieser Satz wohl in der Kindererziehung gebraucht worden sein und täglich verwendet werden? Nun lässt sich über die Befehlsform trefflich streiten (→ Seite 133), kaum jedoch über den Inhalt. Andere im Gespräch in Ruhe ausreden zu lassen, wird nicht nur laut einer Repräsentativ-Umfrage von 97,8 Prozent der Deutschen als eine der wichtigsten Höflichkeitsregeln eingestuft. Es ist auch die Grundvoraussetzung für aktives Zuhören. Und dieses wiederum ist eine Schlüsselqualifikation für angenehme und förderliche Gesprächsführung.

Aktives Zuhören ist keine Technik!

Manche meinen, aktives Zuhören sei eine Gesprächstechnik aus der „Psycho-Ecke", die im Alltag überflüssig sei. Letzteres ist falsch, Ersteres nur bedingt richtig. Es stimmt zwar, dass der Begriff „aktives Zuhören" ursprünglich für die gesprächspsychologische Praxis geprägt wurde. Eine Technik war es jedoch nie und soll es auf keinen Fall sein! Es geht vielmehr um Einfühlungsvermögen, um Empathie – also um die Fähigkeit und Bereitschaft, sich in einen Menschen hineinzuversetzen; sich in seine Einstellung und Sichtweise einzufühlen; ihm mit „mehreren Sinnen" zuzuhören. Die Ohren alleine reichen beim aktiven Zuhören nicht aus. Es erfordert weit mehr: „Du interessierst mich als Mensch mit all deinen Sichtweisen (→ Seite 139), ich verurteile dich nicht, wenn diese nicht mit meinen übereinstimmen, ich ‚höre' auch das, was du mir zwischen den Zeilen und durch deine Körpersprache mitteilst." Zweitens bedeutet aktives Zuhören, das eigene Verständnis des Gesagten zu prüfen, und zwar nicht nur mit spiegelnden Rückmeldungen, sondern mit interpretierenden.

Wenn Ihnen die „hellen Kinderköpfe" das Argument liefern: „Aber die im Fernsehen quatschen doch auch immer alle durcheinander!", dann können sie dem wohl kaum widersprechen, wenn Sie Ihre Glaubwürdigkeit behalten wollen. Ein mögliches Gegenargument ist dies: „Das stimmt zwar, aber ‚Mattscheibe' und ‚normales Leben' sind so wenig vergleichbar wie Popkonzert und Kirchenmusik. Wenn sich eine Talkrunde im Fernsehen untereinander ständig ins Wort fällt und sich damit den gegenseitigen Respekt verweigert, ist das ihre Sache. Wenn du genau zuschaust und richtig zuhörst, wirst du erstens merken: Es ist äußerst anstrengend, dem Gespräch zu folgen und alles zu verstehen. Zweitens ärgern sich viele in solchen Runden offensichtlich sehr über solche Unterbrechungen. Ganz oft kannst du hören, wie jemand sagt: ‚Lassen Sie mich bitte jetzt endlich einmal ausreden!' Einem anderen Menschen nicht ins Wort zu fallen und ihm zuzuhören zeigt ihm, dass du ihn wertschätzt." Zusatz-Tipp: Lassen Sie die Fernseh-Talkrunde im negativen Sinn von einigen Kindern vorspielen und die anderen der Klasse selbst erleben, wie unschön das Durcheinanderreden ist.

Ein Beispiel für unterschiedliches Zuhören

Die Unterteilung: Hören (als schlechteste Qualität), Hinhören (als etwas bessere, aber nicht ausreichende Stufe), Zuhören (noch besser, jedoch lediglich spiegelnde Rückmeldung), aktives Zuhören (empfehlenswerteste Form mit interpretierender Rückmeldung).

Ein Kind kommt nach Hause und erzählt der Mutter: „Mama, stell dir bloß mal vor: Ich muss bis morgen 40 Vokabeln lernen und auch noch was für Mathe machen. Und übermorgen schreiben wir einen Geschichtstest, und bis dahin muss auch das Bild für den Kunstunterricht fertig sein, weil ich es dann abgeben muss. Ich weiß gar nicht, wie ich das alles schaffen soll." Der Ton klingt mutlos, die Körpersprache wirkt schwach. Das Kind steht mit hängenden Armen und gesenktem Kopf vor der Mutter. Diese reagiert mit:

Hören: „Was sagst du? Viel Schularbeiten auf? Geh, wasch dir die Hände. Wir essen gleich."

Hinhören: „Ja, hört sich nach richtig viel Arbeit an. Musst dich halt ranhalten."

Zuhören mit spiegelnder Rückmeldung: „Was, so viel? 40 Vokabeln, etwas für Mathe, dann für den Test lernen und Bild fertig machen. Strammes Programm. Verständlich, dass du nicht weißt, wie du das schaffen sollst."

Aktivem Zuhören mit interpretierender Rückmeldung: „Es hört sich für mich so an, als ob du ziemlich mutlos oder unsicher bist. Hast du Bedenken, dass die Zeit zum Lernen nicht reicht? Oder, dass du so viel auf einmal gar nicht behalten kannst? Oder hast du vielleicht Angst vor einer schlechten Zensur?"

Eine Erklärung, mit welcher Reaktion der Mutter das Kind am unglücklichsten ist und welche ihm am meisten weiterhilft, erübrigt sich wohl an dieser Stelle. Wichtig ist allerdings dies: Zwischen Erwachsenen wirken sich die unterschiedlichen Zuhörqualitäten ebenso negativ oder positiv auf die Kommunikation aus.

INFO

Denken Sie beim aktiven Zuhören an verbale und nonverbale Verstärker, wenn es sich um ein längeres Gespräch handelt. Ein ab und zu eingestreutes „Aha", „Hm", „Genau", „Ich verstehe", „Ach?", „Na, so was!" oder ähnlich kurze Äußerungen sind positive Verstärker, die sowohl Ausdruck Ihres intensiven Zuhörens sind als auch die sprechende Person zum Weiterreden animieren. Gleiches gilt für kleine nonverbale Zeichen wie ein Kopfnicken oder -schütteln, ein Lächeln, das Hochziehen der Augenbrauen als Ausdruck des Erstaunens, ein Schulterzucken und Ähnliches. Doch bitte Vorsicht: Ein Kopfnicken kann als Zustimmung zum Inhalt des Gesprochenen statt als Ausdruck von: „Ja, ich verstehe" aufgenommen werden. Ein Kopfschütteln ebenso als Verneinung. Setzen Sie deshalb diese nonverbalen Verstärker mit Überlegung ein.

2. Ich-Botschaften statt Du- oder Sie-Botschaften senden

„Du bist voll doof!" „Und du bist eine dumme Kuh!" „Du Blödmann!" „Du Vollidiot!" Erst fliegen unter Kindern die Worte und danach oft die Fetzen. Heranwachsenden klar zu machen, dass durch die falsche Sprache Konflikte entstehen oder eskalieren können und körperliche Gewalt gefördert wird, ist eine sehr wichtige Aufgabe. Ebenso, ihnen die beruhigende und Konflikte vermeidende Wirkung von richtigen Formulierungen nahe zu bringen. Je eher Kinder dies lernen, umso besser – für den Schulalltag, für das Leben ganz allgemein. Wenn Sie sich mit Deeskalationstraining beschäftigt haben, wissen Sie: Das wirkungsvollste sprachliche Instrument, um Streit möglichst gar nicht aufkommen zu lassen oder wenn nötig zu schlichten und um Gewalt zu vermeiden ist, Ich-Botschaften zu senden. Und dann wissen Sie auch: Dazu gehört dreierlei: Training, gute Vorbilder und Gefühlsmanagement – und daran mangelt es selbst bei Erwachsenen! Wie aber sollen Kinder deeskalierende Sprache lernen, wenn sie von Erziehenden mit Du-Botschaften überschüttet werden? Wie soll im Kollegium konfliktarmes Zusammenarbeiten möglich sein, wenn die Sprache das Gegenteil herausfordert? „Sie sind unkollegial!" „Wieso mischen Sie sich da eigentlich ein? Haben Sie etwa das Recht dazu?" „Kommen Sie mir bloß nicht mit solchen Vorschlägen. Mit solchem neuzeitlichen Kram können wir hier an der Schule nichts anfangen!"

Bitte stellen Sie sich vor: Diese Sätze sagt jemand zu Ihnen. Was wäre Ihr spontaner Wunsch? Höchstwahrscheinlich möchten sie widersprechen, sich verteidigen oder Ihrer Entrüstung Ausdruck verleihen. Prüfen Sie bitte, wie die folgenden Aussagen auf Sie wirken:

> „Ich habe Schwierigkeiten, Ihr Verhalten zu verstehen. Ich empfinde es als unkollegial, wenn Sie meine Vorstellung vom Ablauf des Unterrichts den Kindern gegenüber als ‚verzopft' darstellen. Bitte erklären Sie mir doch Ihre Beweggründe und lassen Sie uns einen Weg finden, zukünftig die Kinder mit weniger konträren Sichtweisen zu konfrontieren."

> „Ich merke, dass Sie sich zu diesem Thema stark engagieren, und mich interessiert sehr, welche Gründe Sie dafür haben."

> „Sie haben da offensichtlich eine interessante Theorie entwickelt. Ich brauche allerdings mehr Informationen, ehe ich entscheiden kann, ob ich sie bei uns für praktikabel halte. Auf welchen Fakten beruht sie?"

Na, wie sieht es jetzt mit Ihren Verteidigungsmechanismen oder Aversionen aus, wenn jemand so mit Ihnen redet? Mit Sicherheit sind sie zumindest deutlich verringert, wahrscheinlich gar nicht aktiviert.

Genauso ergeht es Kindern. Hören sie Aussagen wie: „Was hast du dir denn bloß dabei wieder gedacht?" „Du bist ein fauler Sack, hast mal wieder nicht richtig gelernt!" „Wieso kommst du jetzt erst?" gehen sie sofort innerlich in Abwehrhaltung, widersprechen, suchen womöglich gar nach unwahren Ausreden oder schweigen vielleicht einfach bockig. Werden solche Sätze umformuliert, haben sie eine ganz andere Wirkung:

> „Ich war der Meinung, dass ich dir schon mehrmals nachvollziehbar erklärt habe, warum ich das so nicht akzeptieren kann. Aber offensichtlich ist mir das noch nicht gelungen. Also drücke ich es noch einmal anders aus: Es ist für mich deshalb wichtig, dass…"

> „Ich befürchte, dass es schlimme Auswirkungen auf deine Noten hat, wenn das mit dem Lernen nicht besser wird. Und das bereitet mir Sorgen um dich. Mir ist allerdings nicht ganz klar, ob Faulheit dahinter steckt oder ob es andere Gründe dafür gibt, wenn du nicht lernst."

> „Ich habe mir Sorgen um dich gemacht, weil ich nicht wusste, wo du steckst. In der heutigen Zeit passiert Kindern so viel Schlimmes, dass ich Angst bekomme, dir könnte etwas zugestoßen sein, wenn du nicht pünktlich nach Hause kommst. Und dann geht es mir vor lauter Sorge um dich so schlecht, dass ich kaum noch irgendetwas richtig tun kann. Halte dich deshalb bitte in Zukunft an unsere Absprachen!"

Diese Formulierungen wecken Verständnis und Kooperationsbereitschaft bei Kindern und Jugendlichen statt Abwehr und Aggression. Der Grund: Ich-Botschaften bieten weniger Angriffsfläche als Du- oder Sie-Botschaften. Letztere treffen Menschen – oft sehr tief – weil sie

- als Tadel, Herabsetzung, Kritik, Ablehnung, Missachtung oder Bestrafung und folglich verletzend empfunden werden können,
- somit das Selbstwertgefühl der hörenden Person angreifen und ihr Motiv der Akzeptanz unbefriedigt bleibt,
- dadurch Widerstand erzeugen, der Gegenwehr und Vergeltungsmaßnahmen provoziert.

Es ist schon ein merkwürdiges Phänomen: Viele Erwachsene wissen, dass Gespräche durch Sie- oder Du-Botschaften einen ungünstigen Verlauf nehmen und sie es sich auf diesem Wege erschweren, ihr Gesprächsziel zu erreichen. Trotzdem bleiben sie in diesem Formulierungsmuster verstrickt. Das ist etwa so, als ob jemand Auto fährt und weiß: In zirka 20 Metern muss ich es zum Stehen bringen, um nicht vor die Wand zu fahren, und trotzdem weiter Gas gibt. Außerdem wird oft vergessen, dass die Wirkung dieser Botschaften besonders ungünstig ist, wenn Erziehende eine Verhaltensänderung beim Kind bewirken wollen. (Unter Erwachsenen ist das genauso!) Wenn dieser Wunsch besteht, befinden sich zwei Personen in einem Bedürfniskonflikt.

Zum Beispiel: Ein Elternteil will in Ruhe Zeitung lesen und sich dabei etwas vom Arbeitsstress erholen. Das ist sein momentanes Bedürfnis. Das Kind hat aber ein ganz anderes: Es kommt nach Hause und will unbedingt etwas erzählen, das ihm wichtig ist. Hört es nun eine Du-Botschaft wie diese: „Du sollst mich doch nicht beim Zeitunglesen stören. Das habe ich dir schon hundert Mal gesagt!", verstärkt sie erstens das ohnehin bei Kindern mehr oder weniger latent vorhandene Gefühl: „Immer haben nur die Erwachsenen das Recht, ihre Wünsche erfüllt zu bekommen. Meine sind denen völlig unwichtig!", was die fast zwangsläufige emotionale Schlussfolgerung nach sich zieht: „Ich bin Mama oder Papa unwichtig." Es ist wohl verständlich, dass dadurch „Bockigkeit" gefördert wird. Zweitens verdeutlicht die Du-Botschaft dem Kind überhaupt nicht, welches Bedürfnis seitens der erwachsenen

Person dahinter steht und weswegen es für sie wichtig ist, es erfüllt zu bekommen.

Dieses wird durch eine Ich-Botschaft möglich, etwa: „Ich fühle mich müde, wenn ich von der anstrengenden Arbeit gekommen bin, und brauche dann ein bisschen Zeit, um mich zu erholen. Das tue ich beim Zeitunglesen. Deshalb ist es mir wichtig, dabei nicht gestört zu werden und meine Ruhe zu haben, damit ich anschließend wieder fit bin. Ich mache dir diesen Vorschlag: Du lässt mich noch … (zehn Minuten) ungestört lesen und danach höre ich dir dann ganz aufmerksam zu.“

Erziehende, die sich von Du- auf Ich-Botschaften umgestellt haben, berichten, dass Kinder sehr kooperationsbereit sind, wenn sie die Beweggründe der Erwachsenen für bestimmte Wünsche und Forderungen verstehen können. Außerdem zeigen sich Kinder oft überrascht, wenn sie hören, was Erwachsene empfinden: „Ich wusste ja gar nicht, dass dir das so wichtig ist, weil du müde bist!“

Ich-Botschaften brauchen Emotionale Intelligenz

Ein Hauptbestandteil von Ich-Botschaften ist, das Gefühl zu benennen, welches durch das (störende) Verhalten des Gegenübers ausgelöst wird. Somit ist das Formulieren solcher Botschaften nur möglich, wenn jemand sein Gefühl erkennen und ausdrücken kann, also über einen ausreichenden EQ (→ Seite 57) verfügt. Eine komplette Ich-Botschaft besteht aus drei Teilen:

A: Sie teilt das (unerwünschte) Verhalten mit, welches der Auslöser für das entstandene Gefühl ist.
B: Sie benennt dieses Gefühl möglichst genau.
C: Sie zeigt auf, welche Wirkung das Verhalten hat beziehungsweise, warum eine Verhaltensänderung gewünscht wird oder wie sie gestaltet werden kann.

Dabei ist die Reihenfolge nicht zwingend festgelegt. Außerdem gibt es kürzere Ich-Aussagen, die ebenfalls die Kommunikation verbessern.

Beispiele:

- – „Du bist egoistisch"
- + „Ich fühle mich zurückgesetzt."
- – „Du bist faul!"
- + „Ich wünsche mir, dass du mehr lernst, weil ich sonst Angst um deine Zukunft habe."
- – „Du regst mich auf!"
- + „Ich rege mich darüber auf, wenn ..."
- – „Das dürfen Sie so nicht sehen!"
- + „Ich betrachte diese Sache von einem anderen Standpunkt."
- – „Fahr nicht so schnell!"
- + „Ich bekomme Angst, wenn du so schnell fährst."
- – „Sie haben mich völlig falsch verstanden!"
- + „Ich habe mich offensichtlich gerade unklar ausgedrückt."

Ob kurz oder lang: Du- oder Sie-Aussagen haben die gleichen negativen Eigenschaften: Sie tadeln, klagen an oder kratzen am Selbstwertgefühl. Es gibt sogar noch winzigere „Killerphänomene", die eine Kommunikation beeinträchtigen können – einzelne Wörter. Einige Beispiele:

- – „Du hörst mir mal wieder nicht zu!"
- – „Du hast mich mal wieder enttäuscht."
- – „Sind Sie endlich mit der Stundenplan-Einteilung fertig?"
- – „Sind Sie schon jemals auf die Idee gekommen ...?"
- – „Wirst du es jemals begreifen, dass ...?"
- – „Eigentlich hatte ich dich ja für einigermaßen intelligent gehalten."
- – „Musstest du dich wieder so lange bei deiner Freundin rumdrücken?"
- – „Was gaffst du denn so?"
- – „Könnt ihr Gören denn nicht endlich mal ruhig sein?"

- > „Mal wieder" impliziert, dass eine wiederholt auftauchende Handlung, ein Mehrfachfehler kritisiert wird. Konstruktive Kritik beschränkt sich jedoch auf die jeweils konkrete Situation.
- > „Endlich" sagt aus, dass zu langsam gehandelt oder vorher etwas versäumt wurde. Es ist eine indirekte und somit destruktive Kritik.
- > „Schon jemals" und „jemals" bedeuten unterschwellig, dass ein Begreifen oder auf eine Idee Kommen nicht zugetraut wird.

> „Eigentlich" am Satzanfang schränkt das Folgende automatisch ein. Selbst wenn das herabsetzende „einigermaßen" fehlen würde, ist damit die Intelligenz abgesprochen.

> „Rumdrücken", „gaffen" und „Gören" sind abwertende Begriffe, die eine abfällige oder geringschätzige Haltung der oder des Sprechenden zu einer Handlung oder Person ausdrücken. Neutral wären zum Beispiel „aufhalten", „schauen", „Kinder". Abwertende Synonyme gibt es reichlich. Diese drei stehen nur als Beispiel.

INFO

Sollten Sie sich noch nicht viel mit Ich-Botschaften beschäftigt haben oder einmal wieder die Formulierungsfähigkeit etwas prüfen wollen, können Sie das mithilfe der 8. Coaching-Seiten für Erwachsene tun (→ Seite 144 bis 146). Die 9. Coaching-Seiten (→ Seite 147 bis 149) sind für Kinder und Jugendliche gedacht.

3. Sich sonnenklar statt nebulös ausdrücken

„Quantitativ wird der optimale Kommunikationsinhalt neben der bedürfnisorientierten Minimalanforderung durch ein an der Verarbeitungskapazität orientiertes Maximum bestimmt. Wird die so definierte Inhaltsbegrenzung des Kommunikationsvolumens ad libitum überschritten, ruft das Störungen bei der Rollenerfüllung hervor. Ähnlich effizienzmindernd wirken sich qualitative Informationsmängel aus, etwa eine inkongruente Konnotation oder die Irrelevanz einer Information."

Alles sonnenklar? Hat es Spaß gemacht, diesen Absatz zu lesen? Sicher, wenn überhaupt, nur für „Studierte". Der so genannte Otto Normalverbraucher – Ottilie eingeschlossen – wird damit nicht nur wenig Spaß, sondern auch Verständnisprobleme haben. Das Ergebnis: Er oder sie fühlt sich dumm. Vielleicht haben Sie ein ähnliches Gefühl schon einmal erlebt, wenn Ihnen eine Ärztin oder ein Arzt eine Diagnose mitgeteilt hat. So mancher stöhnt danach innerlich: „Ich wollte doch einfach nur wissen, was ich habe!" Ähnlich geht es Kindern, wenn sie von Erwachsenen mit Fachbegriffen überschüttet werden, die sie nicht verstehen. Sicher: Im Schulunterricht geht es nicht immer ohne Fachausdrücke. Sie sind teilweise Bestandteil des Lehrstoffs. Es ist jedoch ein himmelweiter Unterschied, ob sie Kindern einfach „um die Ohren gehauen" oder hinlänglich erklärt werden – wenn nötig, auch mit Geduld und der Aufforderung: „Fragt bitte, wenn ihr einen Begriff nicht versteht!"

INFO

Achten Sie bitte nicht nur darauf, sich für Kinder gut fassbar auszudrücken. Verdeutlichen Sie ihnen auch, dass es unhöflich ist, zum Beispiel mundartliche Ausdrücke dort zu verwenden, wo sie nicht verstanden werden. Ebenso, wenn einige in einer Klasse oder Gruppe in einer den weiteren Anwesenden unbekannten Sprache reden. Das grenzt andere aus und ist kränkend.

Weitere „Sonnenflecken" in der Kommunikation

„Das Bier ist alle", sagt der Vater nach einem Blick in den Kühlschrank. „Hier ist aber schlechte Luft!", bemerkt eine Lehrerin beim Eintreten in die Klasse. „Die Tafel müsste mal wieder gründlich gereinigt werden", tut ein Lehrer kund. „Die Blumen müssten dringend gegossen werden!", äußert die Mutter beim Familienfrühstück. „Es muss unbedingt bald etwas passieren, damit die Organisation des Schulfestes nicht wieder wie letztes Jahr viel zu spät in Angriff genommen wird", stellt eine Kollegin fest. „Das tut man nicht!", ermahnt eine Oma ihr Enkelkind. „Wir sollten dem Thema Pausenaufsicht erhöhte Aufmerksamkeit widmen und gegebenenfalls den Regelkatalog erweitern oder ändern", gibt die Direktorin bei der Konferenz von sich.

Alle diese Aussagen sind nichts anderes als die Feststellungen schlichter Tatsachen oder gar durch den Konjunktiv Ausdruck der Irrealität. Doch sind sie als solches gemeint? Keineswegs. Der Vater will bezwecken, dass sich jemand aufrafft, ihm – vielleicht aus dem Keller – ein Bier zu holen. Die Lehrerin hofft darauf, dass ein Kind das Fenster öffnet, ihr

Kollege, dass jemand freiwillig die Tafel putzt. Die Mutter möchte jemanden zum Blumengießen animieren, und ob die Kollegin mit ihrer Bemerkung zum Schulfest aussagen will: „Ab morgen werde ich mich um diese Organisation kümmern", ist mehr als fraglich. Solche Aussagen sind in 99 von 100 Fällen versteckte Botschaften, „verkleidete" Handlungsappelle. Und wehe, das verstehen diejenigen nicht, an die sie gerichtet sind – dann ist „Zoff" so gut wie programmiert, vorrangig in der Eltern-Kind-Beziehung.

Nun haben sich zwar manche Kinder – (Ehe-)Partnerinnen und Partner ebenso – daran gewöhnt, solche indirekten Befehle auszuführen. Trotzdem sind solche Formulierungen unklug. Erstens, weil sie die reibungslose Kommunikation beeinträchtigen. Zweitens, weil sie sich, sobald mehrere Personen anwesend sind, nicht direkt an eine richten. Dies erhöht die Gefahr, dass sich niemand angesprochen fühlt und damit die des Streits. Ähnlich ist es mit den Allgemeinplätzen „man" und „wir". Dass „man" etwas nicht tut, wird ein Kind wenig beeindrucken und ihm schon gar nicht erklären, warum es etwas lassen soll. Ein „Wir" ist nur dann sinnvoll, wenn es ehrlich gemeint ist. Will die Direktorin am Thema Pausenaufsicht wirklich selbst mitarbeiten, ist es richtig platziert. Gerade Vorgesetzte – Männer inbegriffen – verstecken ihre Anweisungen jedoch gern hinter dem „Krankenschwester-Wir": „Wir sollten doch jetzt diese Tabletten nehmen." Und ein solches falsch eingesetztes „Wir" wird schnell zur bitteren Pille für ein Team.

Klare Aussagen – klare Kommunikation

Ersetzen Sie versteckte Botschaften am besten durch einfache, direkte Bitten. Zum Beispiel:

> „Ist jemand von euch so nett, mir ein Bier aus dem Keller zu holen? Du vielleicht, Jens?"

> „Ich finde, hier ist schlechte Luft. Cornelia, du sitzt als Nächste am Fenster. Sei so gut und öffne es bitte."

> „Ich möchte gleich etwas an die Tafel schreiben. Aber die braucht vorher dringend eine Reinigung. So verschmiert wie die jetzt ist, kann ja sonst niemand mehr etwas lesen. Übernimmt das jemand freiwillig oder soll ich jemanden aussuchen?" (Wenn es keinen festgelegten Tafeldienst gibt.)

> „Ich brauche heute Hilfe beim Blumengießen, weil ich schwer in Zeitdruck bin. Kannst du das bitte für mich übernehmen, Carla?"

> „Ich bitte Sie darum, dass wir gemeinsam überlegen, wie wir die Organisation des Schulfestes dieses Jahr besser in den Griff bekommen."

> „Bitte nimm den Finger aus der Nase. Es ist für mich und andere ein hässlicher Anblick, wenn jemand in der Nase bohrt."

> „Ich halte es für wichtig, das Thema Pausenaufsicht auf eventuelle Regeländerungen oder -erweiterungen zu prüfen. Wer von Ihnen kann das bitte übernehmen?"

4. Wünsche äußern statt Fragen stellen

> „Kannst du dich vielleicht mal etwas mehr beeilen?" „Nein."

> „Wie lange willst du denn noch für diese Rechenaufgabe brauchen?" „Weiß nicht."

> „Kannst du denn nicht aufpassen?" „Nein."

> „Musst du immer dazwischen reden?" „Ja."

> „Wirst du jetzt endlich mal zuhören?" „Nein."

> „Könntest du jetzt vielleicht mal stillsitzen?" „Nein."

> „Ach, Frau Kollegin, würden Sie das wohl für mich mit ins Lehrerzimmer nehmen?" „Nein."

> „Könnten Sie dies mal gerade für mich halten?" „Nein."

Wie „begeistert" wären Sie, wenn Sie auf solche Fragen diese Antworten bekämen? Wohl eher „entgeistert": „Unmöglich, Frechheit, diese Blagen!" und schon ist die Kommunikation wieder gestört. Dabei wären die Antworten, genau genommen, gerechtfertigt. Auf eine Frage wird im „Normalfall" eine – am liebsten ehrliche – Replik erwartet (nicht nur von Kindern). Doch diese Fragen gehören zu den versteckten Botschaften beziehungsweise sind Höflichkeitsfloskeln – „Frau Kollegin, würden Sie …?", „Herr Kollege, könnten Sie …?" In der Regel wird darauf eine andere Reaktion als eine Antwort erwartet. Oder, wenn überhaupt eine Antwort, dann genau die gegenläufige zu den aufgeführten.

INFO

Kleiden Sie Ihre Wünsche besser in klare Aufforderungen – besonders bei Jugendlichen. Fragen setzen keine Grenzen, weil sie unklare Botschaften sind und nicht deutlich erkennen lassen, was Sie wirklich möchten. Konjunktivische Höflichkeitsfloskeln sind heutzutage überflüssig. Solche Fragen können Sie als direkte Bitten formulieren, ohne unhöflich zu sein.

Klarheit schaffen mit direkten Bitten

> „Caroline, bitte beeil dich jetzt. In fünf Minuten gehen wir."
> „Rechne bitte etwas schneller, Maximilian. Die Stunde ist bald zu Ende."
> „Alexander, pass jetzt bitte sofort auf."
> „Tobias, denk bitte an unsere Absprache: Wir lassen andere ausreden, wenn sie an der Reihe sind."
> „Sonja, ich möchte, dass du mir jetzt zuhörst und mich bitte ausreden lässt."
> „Till, sitz bitte still. Es macht mich und alle um dich herum ganz nervös, wenn du so rumzappelst."
> „Ach, Frau Kollegin, bitte nehmen Sie das für mich mit ins Lehrerzimmer. Danke."
> „Bitte Herr Kollege, halten Sie dies doch gerade mal für mich. Vielen Dank."

5. Präzisieren statt verallgemeinern

„Nie hörst du mir zu!" „Immer kommst du zu spät!" „Pausenlos muss ich hinter dir herräumen!" „Ständig dreschen Sie nur leere Phrasen!" Solche und weitere Pauschalierungen wie „generell", „permanent", „immerzu", „dauernd", „alle", „keiner" sind kaum jemals wahr. Deshalb werden sie als Übertreibung, Unterstellung oder gar Lüge empfunden. Vermutlich ist es Ihnen geläufig, was auch unter Erwachsenen zum Beispiel die Behauptung: „Nie hörst du mir zu!" auslösen kann. Unzählige Partnerschaftskräche finden darin ihren Anfang! Deshalb lohnt es sich im Umgang mit allen Menschen, bei berechtigter Kritik auf Pauschalierendes zu verzichten und konkret zu formulieren. Beispiele, die gleichzeitig Ich-Botschaften sind:

> „Ich habe den Eindruck, dass du mir zurzeit nicht zuhörst. Dieses Gefühl hatte ich auch schon bei unserem letzten Gespräch. Ich fühle mich dann übergangen und das macht mich wütend."

> „Ich ärgere mich sehr über Unpünktlichkeit, weil ich mir dann so unwichtig vorkomme. Und in dieser Woche ist es schon das dritte Mal, dass ich auf dich warten muss."

> „Ich fühle mich ausgenutzt, wenn ich dir so oft deine Sachen hinterherräumen muss. Und das bringt mich so in Rage, dass

mir der ganze Tag verdorben ist. In den letzten zwei Wochen war das fast täglich so. Wir brauchen dringend eine Absprache, wer von uns welche Aufgaben zu übernehmen hat."

> „Manche Ihrer Äußerungen wirken auf mich wie leere Phrasen. In den letzten Monaten habe ich das verstärkt festgestellt. Bitte drücken Sie sich etwas konkreter aus."

INFO

Wenn Sie Jugendlichen gegenüber präzise formulieren, können Sie sich besser gegen das berühmte „Aber alle dürfen …"- oder „Aber keiner muss …"-Phänomen wehren. „Wie viele dürfen …? Sei bitte genau. Ich sage zu dir ja auch nicht: ‚Nie kannst du pünktlich sein' oder: ‚Immer schreibst du schlechte Zensuren!'"

6. Erklären statt befehlen, drohen und Vorwürfe machen

„Du wirst schon sehen, was du davon hast!" (Drohung, unklare Konsequenz) „Du weißt ganz genau, dass du das nicht darfst!" (Vorwurf) „Wie kannst du nur so verantwortungslos sein? Dein kleiner Bruder hätte sich verletzen können!" (Vorwurf) „Wenn ich dich noch einmal beim Alkoholtrinken erwische, kommst du ins Internat!" (Drohung, eindeutige Konsequenz) „Lass das, und zwar sofort!" (Befehl, zielgerichtet) „Benimm dich!" (Befehl, unkonkret)

Vorwürfe und Drohungen sind denkbar ungeeignet, eine Verhaltensänderung oder eine Einsicht herbeizuführen – ganz gleich ob mit unklaren oder klaren Konsequenzen. Letztere haben diesen Zusatzeffekt: Es kann sein, dass die angedrohte Auswirkung für die unter Druck gesetzte Person sogar erstrebenswert erscheint – in diesem Fall, dass ein junger Mensch vielleicht gern in ein Internat gehen würde, um dem Elternhaus entfliehen zu können. Außerdem bedeutet „in der Erziehung konsequent sein" nicht, dass Erwachsene für Kinder unvorhersehbare Sanktionen vom „Himmel regnen lassen" sollen. Förderlich ist das Aufzeigen von Konsequenzen dann, wenn sie im Zusammenhang mit vorher abgesprochenen Regeln stehen und im gemeinsamen Konsens bei deren Aushandlung frühzeitig bekannt gegeben wurden. Nur dann bieten sie Jugendlichen die Alternative: Es liegt in meiner Entscheidung, ob ich die Konsequenz ertragen muss oder nicht. Wie destruktiv Vorwürfe für die Kommunikation sind, wissen Erwachsene aus eigenem Erleben. Sie brauchen sich dabei nur an Partnerschaftsstreitigkeiten zu erinnern. Je mehr Vorwürfe, desto tiefer wird die Kluft. Und wie sie sich fühlen, wenn sie Befehle erhalten, ist ihnen ebenfalls bekannt. Wie viel angenehmer ist es doch, statt: „Sie haben die anfallenden Arbeiten gefälligst ohne Überstunden zu bewältigen!" eine Aussage zu hören wie: „Ich habe festgestellt, dass Sie in letzter Zeit Ihr Arbeitspensum nur mit Überstunden geschafft haben. Dafür gibt es sicher einen Grund, den ich gemeinsam mit Ihnen herausfinden und beseitigen möchte. Überstunden kann ich aus betriebswirtschaftlichen Gründen in Zukunft nicht mehr zulassen."

Eine solche Ich-Botschaft macht es möglich, im Dialog eine gemeinsame Lösung zu finden. Dies ist das erstrebenswerte Ziel auch im Umgang mit Kindern. Verzichten Sie am besten ganz auf Vorwürfe, unkonkrete Befehle und Drohungen, ganz gleich ob mit unklaren oder eindeutigen Konsequenzen. Setzen Sie lieber auf Erklärungen und vernünftige Absprachen. Ein Beispiel als Ersatz für die „Internatsdrohung":

„Ich mache mir große Sorgen um dich, wenn du in deinem Alter schon Alkohol trinkst. Du magst das vielleicht ‚cool' finden oder gar als notwendig ansehen, wenn du bei deiner Clique ‚in' sein willst. Und wahrscheinlich denkst du auch, dass meine Sorge um deine Gesundheit völlig übertrieben ist. Deshalb schlage ich vor, du lässt dir mal von einem Experten erklären, was mit den Organen und dem Körper passiert, wenn Jugendliche Alkohol trinken. Oder wenn es dir lieber ist, kaufe ich ein gutes Buch über das Thema. Dann können wir es beide lesen und darüber diskutieren."

„Lauf nicht auf die Straße!"
– falscher Befehl im richtigen Moment

Es gibt Gefahrensituationen, in denen eine lange Erklärung wie: „Schau mal, ich mache mir Sorgen um dich, wenn …" unsinnig ist. Muss ein Kind vor plötzlich drohendem Unheil bewahrt werden, bleibt oft nur ein Befehl. Übrigens: Je weniger ein Kind im Alltag die Befehlsform hört, desto größer ist die Wirksamkeit bei Gefahr und die Wahrscheinlichkeit, dass es sofort reagiert. Es kann dann intuitiv die Besonderheit der Situation erfassen, weil der Abstumpfungseffekt fehlt, der bei täglicher Befehlsflut unweigerlich eintritt. Wichtig ist jedoch, solche Anweisungen richtig zu formulieren. Vielleicht haben Sie sich bei der Überschrift gefragt: „Wieso ‚falscher' Befehl? Er ist doch eine ganz klare Warnung." Das Falsche an ihm im Sinne einer ungünstigen Konditionierung ist das „Nicht". Mit ziemlicher Sicherheit kennen Sie eines der folgenden Phänomene: Eben noch haben Sie zu Ihrem Kind gesagt: „Pass auf, dass du dein Glas *nicht* umwirfst!", und kurz darauf ergießt sich das Getränk über den Tisch. X-mal haben Sie sich eingetrichtert: „Ich darf *nicht* vergessen, das Buch mit in die Schule zu nehmen!" Kaum sind Sie auf dem Weg, fällt Ihnen ein, dass Sie es zu Hause liegen gelassen haben. Oder das „Volle-Kaffeetassen-Kuriosum": Je mehr Sie sich darauf konzentrieren, dass der Kaffee beim Gehen *nicht* überschwappen soll, umso eher geschieht es.

Woran liegt das? Das Denken eines Menschen wird vorrangig von Bildern geprägt. Das Gehirn reagiert auf Sprache und auf sich selbst gegebene stumme Anweisungen, indem es sie in Bilder umsetzt. Bitte versuchen sie einmal, die folgende Aufgabe zu lösen: Fertigen Sie für ein Kind eine Zeichnung an, aus der es den Auftrag „Auf diesem Blatt ist kein Haus zu sehen" erkennen kann. Mit großer Wahrscheinlichkeit wird das Kind ein Stück Papier in die Hände bekommen, auf dem ein durchgestrichenes Haus zu sehen ist. Nach dem Auftrag befragt, wird es etwa sagen: „Nun, ich denke, es sollte ein Haus gezeichnet werden; und der Strich bedeutet vielleicht, dass es verboten ist, es zu betreten." (So sind üblicherweise Verbotsschilder zu sehen.) Die Wahrscheinlichkeit, dass es äußert: „Auf diesem Blatt ist kein Haus zu sehen" ist gleich null. Null Chancen hat auch das Gehirn, sich von „kein", „nicht" oder „nichts" sofort ein Bild zu machen. Es kann diese Aufgabe nur über Umwege lösen. Als Erstes registriert es genau das Bild, welches *nicht* entstehen soll. Danach erst landet es mit dem Befehl „beiseite legen" im logischen Bearbeitungsgang. Das Bild wird dabei jedoch nicht gelöscht, sondern im Unbewussten gespeichert. Und dieses wird alles daransetzen, die Wirklichkeit mit dem Bild übereinstimmen zu lassen. Dieses Phänomen wird auch „sich selbst erfüllende Prophezeiung" („self fulfilling prophecy") genannt.

INFO

Formulieren Sie positiv. Vermeiden Sie in direkten Handlungsaufforderungen „nicht", „nichts" oder „kein", damit sich das richtige Bild im Unbewussten verankert. Das hilft auch sehr bei Zielen, die Sie sich selbst stecken! Natürlich kann und muss nicht jedes „Nicht" aus dem Sprachgebrauch verschwinden (wie dieser Satz beweist). Manchmal ist es sogar gut, es bewusst einzusetzen, um hart klingende Aussagen abzuschwächen oder zu motivieren. Beispiele: Statt: „Das ist falsch" – „Das ist (noch) nicht ganz richtig". Aus: „Sie haben Ihr (du hast dein) Ziel völlig verfehlt" wird: „Sie haben (du hast) das Ziel (noch) nicht (ganz) erreicht."

Beispiele für Umformulierungen von Negativ-Sätzen in Positiv-Sätze

- „Lauf nicht auf die Straße!"
+ „Bleib stehen!" oder „Bleib auf dem Gehweg!"
- „Pass auf, dass du dein Glas nicht umwirfst!"
+ „Pass auf, dass dein Glas stehen bleibt" oder
+ „Stell dein Glas bitte mehr in die Mitte des Tisches."
- „Wirf die Vase nicht beim Spielen um!"
+ „Halte beim Spielen Abstand zur Vase, damit sie heil bleibt."
- „Pass auf, dass du nicht von der Leiter fällst!"
+ „Pass darauf auf, dass du sicher auf der Leiter stehst."
- „Du sollst nicht schlagen (treten)!"
+ „Hör auf, zu schlagen (treten)!"
- „Carola, du sollst nicht an den Fingernägeln kauen!"
+ „Carola, nimm bitte die Finger aus dem Mund."
- „Das kann ich nicht."
+ „Ich werde das lernen."
- „Das haben Sie (hast du) gar nicht schlecht gemacht."
+ „Das haben Sie (hast du) gut gemacht!"
- „Ich bin nicht sicher, ob das geht."
+ „Ich bringe in Erfahrung, bis wann das geht."

7. Ernst nehmen statt herunterspielen und bagatellisieren

> „Aber das ist doch gar nicht schlimm!"
> „Alle Kinder machen so was mal durch."
> „Das vergeht schon wieder."
> „Das passiert doch jedem."
> „Ach, mach dir doch nichts draus. Der hat schon ganz andere zur Schnecke gemacht." (Nach einer Verbalattacke des Chefs zur Kollegin.)
> „Keine Sorge, dass wird schon wieder." (Nachdem eine Mutter ihre große Besorgnis über eine Verhaltensänderung ihres Kindes berichtet hat.)

Diese Art des Tröstens ist, sei sie auch oft gut gemeint, wenig wert. Ja, schlimmer noch: Sie kann verletzend sein. Wer von anderen die „Aber-das ist-doch-gar-nicht-schlimm"-Sichtweise übergestülpt bekommt, fühlt sich – mindestens – nicht ernst genommen, eher noch missachtet. Wenn jemand ein Problem, Kummer oder Schmerzen hat, seien sie seelischer oder körperlicher Natur, ist das für ihn schlimm. Und jeder Mensch hat ein Recht auf sein Empfinden und darauf, dass es akzeptiert wird.

Vorschläge für Formulierungen, die Akzeptanz ausdrücken

> „Es tut mir so leid, dass du dir wehgetan hast."
> „Ich merke, dass du mit ... (Sachlage) gerade ein großes Problem hast. Kann ich dir helfen, es zu lösen?"
> „Es tut im Moment weh, und das tut mir sehr leid für dich. Der Schmerz wird jedoch mit der Zeit geringer und irgendwann vergeht er ganz."
> „Ich kann verstehen, dass du dich unglücklich fühlst, weil dir das ... (Sachlage) passiert ist. Aber du musst dich deswegen nicht so sehr grämen. Schau, kein Mensch ist fehlerfrei."

> „Ich kann gut nachvollziehen, wie du dich jetzt fühlst. Denke bitte jedoch mal daran: Er ist ja nicht nur dir gegenüber so, sondern verhält sich öfter derartig. Also hat es vielleicht gar nichts mit dir persönlich zu tun."

> „Ich kann gut nachempfinden, dass Sie sich Sorgen machen. Häufig sind solche Verhaltensänderungen jedoch Phasen, die nur kurze Zeit anhalten. Wenn Sie möchten, gebe ich Ihnen gern einige Adressen, wo Sie sich professionell beraten lassen können, falls Sie das wollen."

INFO

Verdeutlichen Sie Jugendlichen bitte darüber hinaus: Jeder Mensch hat zusätzlich zu dem Recht auf sein Gefühl auch das auf seinen Standpunkt. Diesen entwickelt er aus seiner Sichtweise der Dinge, aus persönlichen Erfahrungen, Wahrnehmungen, Gefühlen, aus seinen Wert- sowie Moralvorstellungen und mehr. In jedem Gespräch gibt es neben „meiner Wahrheit" auch die „andere Wahrheit" – die jeder einzelnen Person. Um das zu verdeutlichen, können Sie das folgende Bild verwenden.

Das „Vier-Menschen-im-Raum"-Bild

Der Raum hat nur an einer Seite ein Fenster. Die vier Menschen sitzen an einem quadratischen Tisch, jeder an einer Seite, in der Mitte des Zimmers. Person A sagt: „Bitte hier muss etwas geändert werden. Die Sonne, die mir durch das Fenster von links auf mein Blatt fällt, blendet mich so sehr, dass ich nicht weiterarbeiten kann." Person B, die gegenüber sitzt, erwidert: „Aber liebe A, Sie kann doch gar nichts stören. Das Fenster ist rechts!" Mischt sich Person C ein: „Also, wirklich, ich verstehe Sie beide überhaupt nicht. Das Fenster ist mir genau gegenüber!" Verärgert greift nun Person D ein: „Das sind doch alles völlig überflüssige und unfruchtbare Diskussionen, totale Zeitverschwendung ist das, denn ich sehe kein Fenster!"

8. Sachlich bleiben statt ironisieren, verspotten und lächerlich machen

> „Du hast dich heute wohl im Dunkeln angezogen oder in der Mülltonne übernachtet, so wie du aussiehst!"

> „Achtung! Schutzhelme aufsetzen! Carola versprüht Geistesblitze!"

> „Du schlägst wirklich alle Rekorde im Schneckentempo!"

> „Na, das hast du ja mal wieder super hingekriegt!" (bei Negativem)

> „Dir sollte man am besten wieder einen Schnuller geben, wenn du dich wie ein Baby benimmst!"

> „Hast du deinen Kopf eigentlich noch zu was anderem als zum Haareschneiden?"

> „Hört, hört, Herr Neunmalklug sorgt mal wieder für die Bildung seiner Eltern!"

Für solche und ähnliche „Sprüche" sollte es nur ein erwägenswertes Ziel geben: Entsorgung und Nimmerwiederhören. Das gilt für Spott und Lächerlichmachen wie für Ironie. Letztere wird selbst von Erwachsenen häufig gar nicht als solche verstanden, was oft zu eklatanten Missverständnissen führt. Für Kinder ist Ironie noch verwirrender, wird bis zum Alter von etwa zwölf Jahren gar nicht erkannt. Doch selbst wenn der tiefere Sinn einer ironischen Bemerkung verstanden wird, begünstigt sie eine Verhaltensänderung kaum. Ironie wirkt meistens kränkend – auch bei Erwachsenen!

INFO

Kinder können untereinander richtige kleine „Spott-Monster" sein. Zum Beispiel beim Erfinden von Spitznamen. Dazu können Sie eine Vereinbarung in der Klasse treffen lassen: Es werden nur abgesprochene Spitznamen gebraucht. Jedes Kind entscheidet, ob es einen für ihn erfundenen ablehnt oder akzeptiert. Nur Letztere werden verwendet, um Beleidigungen und Kränkungen auszuschließen. An diese Regel halten sich alle.

9. Achten statt abwerten, verurteilen und beleidigen

> „Du bist doch nichts als eine verzogene Göre!"

> „Wenn das auf deinem Mist gewachsen ist, fress' ich 'nen Besen!"

> „Wenn du mal Kinder hast, tun die mir jetzt schon leid!"

> „Manchmal wünsche ich mir, ich hätte dich nur adoptiert!"

> „Du bist ein Fall für den Psychiater!"

> „Wenn ich dich sehe, fürchte ich um meine Pension!"

> „Du geistige Magersucht, du Pickelface!"

Dazu gilt Gleiches wie beim achten Punkt: Rigoroses Ausmerzen solcher Beleidigungen sollte das Ziel sein. Nur, wenn Erwachsene solche an psychische Gewalt grenzende Sätze aus ihrem Repertoire verbannen, können Kinder eine deeskalierende und gewaltarme Sprache lernen.

INFO

Bringen Sie bitte den Jugendlichen das Thema „Entschuldigung" nahe. Jeder kann sich mal im Ton vergreifen oder andere Fehler machen. Sich dann dafür auf adäquate Weise entschuldigen zu können, ist eine wichtige soziale Qualität. Doch wie bei allem im Umgang miteinander, brauchen Kinder auch hier Vorbilder. So manche erwachsene Person meint jedoch: „Ich, mich entschuldigen? Aber das geht doch nicht. Dann würde ich ja Schwäche zeigen!" Erklären Sie den Kindern am besten, dass es genau anders herum richtig ist: „Wer zu einem Fehler stehen und sich angemessen entschuldigen kann, beweist Selbstbewusstsein und Stärke."

10. Ehrlich bleiben mit unverletzenden Formulierungen

Ehrlichkeit und Höflichkeit – wie passt das zueinander? Diese Frage wird nach wie vor oft gestellt – leider! Es gibt noch viel zu viele Menschen, die meinen, Höflichkeit und Ehrlichkeit vertrügen sich nicht. Dabei gibt es einen hilfreichen und einfachen Grundgedanken. „Ich sage nicht alles, was ich denke. Aber das, was ich sage, meine ich ehrlich." Ein Beispiel, das auch geeignet ist, es den Kindern zum Thema „Höflichkeit und Lüge" vorzulesen: Frau Zuckersüß trifft Frau Bitterbach auf der Straße und „flötet" ihr entgegen: „Ach, wie wunderbar, Sie endlich mal wieder zu sehen!

Guten Tag, Frau Bitterbach. Ich freue mich ja sooo sehr, dass wir uns treffen ..." Dabei denkt sie: „Oh weh, weshalb muss mir diese dumme Kuh jetzt über den Weg laufen?! Die kann ich einfach nicht ausstehen!" Würde Frau Zuckersüß nach der eben erwähnten Maxime handeln, hätte sie den ganzen unehrlichen „Schmarrn" um ihre Begrüßung herum weggelassen und schlicht: „Guten Tag, Frau Bitterbach" gesagt. Falsch verstandene Wahrheitsliebe wäre es, die Gedanken in Worte zu kleiden und Frau Bitterbach an den Kopf zu werfen: „Weshalb müssen Sie dumme Kuh mir gerade jetzt über den Weg laufen, wo ich Sie doch einfach nicht ausstehen kann?!" Das wäre eine grobe Beleidigung, die Frau Bitterbach kränken und verletzen würde. Übrigens: Es heißt zwar immer: „Die Gedanken sind frei" – was ja auch stimmt. Doch selbst für die Gedanken ist es besser, Schimpfwörter wie „dumme Kuh" aus dem Repertoire zu streichen. Negative Gedanken wirken sich ungünstig auf die eigene Stimmungslage und damit auf die Kommunikation aus!

So vermeiden Sie die Fallen der kleinen Alltagslügen

Beispiel 1: Am Telefon

> Sie wollen nicht mit jemandem reden, der angerufen hat. Deshalb lassen Sie sich von dem Familienmitglied, welches das Telefonat entgegengenommen hat, verleugnen: „Tut mir leid, ist nicht da!"

Das ist eine völlig überflüssige Notlüge. Nach moderner Umgangsformen-Empfehlung ist es höflich genug, einfach zu sagen: „Tut mir leid, meine Frau/mein Mann kann jetzt nicht ans Telefon kommen/hat im Augenblick keine Zeit, mit Ihnen zu telefonieren. Kann sie/er sich später bei Ihnen melden?" Eine solche Auskunft können Kinder ebenfalls geben, ohne unhöflich zu sein (➤ Seite 171).

Beispiel 2: Beim Essen im Restaurant

> Sie sind mit der ganzen Familie in einem guten Restaurant beim Essen. Dabei schmeckt Ihnen allerdings so manches nicht

besonders gut und Sie kritisieren das in der Runde. Später, als eine Restaurantfachkraft fragt, ob alles zu Ihrer Zufriedenheit war, sagen Sie jedoch: „Ja, ja, alles bestens, danke."

Auch diese Falschaussage ist unter Höflichkeitsaspekten völlig unnötig. Eine ehrliche Antwort ist weit besser – vorausgesetzt, sie wird freundlich und unverletzend gegeben, etwa: „Bei der Suppe war alles bestens. Das Fleisch fanden wir allerdings ziemlich zäh und das Gemüse war nur noch lauwarm."

Beispiel 3: Ein Besuch bei Tante Minchen

> Die Tante hat Ihre Familie eingeladen, weil sie Ihnen ihre neue Küche zeigen will. Sie loben die Auswahl und den Geschmack von Tante Minchen vor ihr in den höchsten Tönen. Anschließend im Auto auf dem Weg nach Hause geben Sie Ihre wahre Meinung zum Besten: „Also wirklich, einfach unmöglich diese Farbe der Schränke. Und eine total unpraktische Anordnung. Wie kann man nur einen so schlechten Geschmack haben."

Lösungsmöglichkeit 1: Sie lügen die Tante nicht an, sondern formulieren eine unverletzende Ich-Aussage (→ ab Seite 122) wie: „Ich weiß ja, wie sehr du Rot magst. Deshalb bin ich davon überzeugt, dass du dich in deiner neuen Küche so richtig wohl fühlen wirst. Das hat ja nichts damit zu tun, dass ich zu Hause die Farbe Weiß bevorzuge." Wobei der letzte Satz auch fehlen kann, wenn Sie befürchten, dass daraus eine unliebsame Diskussion über Geschmacksfragen entstehen könnte.

Lösungsmöglichkeit 2: Vielleicht finden Sie auf Anhieb die unverletzende Formulierung der Wahrheit nicht. Solche Aussagen ad hoc parat zu haben, erfordert Übung. Es zu trainieren zahlt sich jedoch aus! Oder Sie gehören zu den Menschen, die sich kleine Not- oder Höflichkeitslügen gestatten, was selbstverständlich ausschließlich Ihre Entscheidung ist. Dann verkneifen Sie es sich aber besser, Ihre ehrliche – gegenteilige – Meinung kurz danach vor den Kindern kundzutun.

„Ich-Botschaften" formulieren
– werden Sie bitte kreativ

1. Die Situation:

Mutter und Tochter haben sich zu einer bestimmten Zeit verabredet, um für die Tochter Schuhe einkaufen zu gehen. Die Tochter hat das offensichtlich vergessen, erscheint gut eine Stunde später.

Mögliche Du-Botschaft: „Du solltest dich schämen! Du bist ja so was von unzuverlässig! Die Schuhe kannst du vergessen!"

Mögliche Ich-Botschaft:

---

2. Situation:

Die Familie will zum 70. Geburtstag der Oma gehen. Der Sohn erscheint in zerrissenen Jeans und einem dreckigen Sweatshirt.

Mögliche Du-Botschaft: „Du wirst auf keinen Fall in diesem Aufzug mit zu Omas Geburtstag gehen. Zieh dich sofort um!"

Mögliche Ich-Botschaft:

---

3. Die Situation:

Ein Schüler hat zum wiederholten Mal eine Arbeit nicht pünktlich abgegeben. Die Lehrerin würde ihn gern motivieren, in Zukunft das Verhalten zu ändern, da er mündlich recht gut ist und er seine Zeugnisnote sehr verbessern könnte.

Mögliche Du-Botschaft: „Du hast es offensichtlich immer noch nicht kapiert, dass du dir zwangsläufig eine Sechs einhandelst, wenn du die Arbeit nicht pünktlich abgibst und dir damit auch deine Zeugnisnote vermasselst."

Mögliche Ich-Botschaft:

4. Die Situation:

Sie haben mit Ihrer Klasse zum Tag der offenen Tür, an dem der Raum ein Café für Eltern werden soll, eine Absprache getroffen: Die Jugendlichen richten den Raum her. Sie besorgen frische Backwaren, kommen zeitlich deshalb erst kurz vor Beginn. Als Sie den Raum betreten, ist nichts vorbereitet. Die Kinder albern herum, statt ihn wie besprochen herzurichten.

Mögliche Du-Botschaft: „Ja, kann man sich auf euch denn überhaupt nicht verlassen?!? Ihr seid mal wieder unzuverlässig. Wie könnt ihr nur so gedankenlos und ohne Verantwortungsgefühl sein? Gleich kommen die Gäste und ihr seid schuld, wenn die sich beschweren!"

Mögliche Ich-Botschaft:

5. Die Situation:

Der Vater einer Ihrer Schülerinnen beschwert sich lautstark und massiv über die „ungerechte" Zensur, die Sie seinem Kind gegeben haben.

Mögliche Du-Botschaft: „Sie haben doch gar keine Vergleichsmöglichkeit, was ‚ungerecht' angeht. Und außerdem sollten Sie erst mal ruhiger werden!"

Mögliche Ich-Botschaft:

8. Coaching-Seiten: Formulierungsprobe für Erwachsene: Deeskalierend kommunizieren

„Ich-Botschaften" formulieren – kannst du's?

1. Die Situation:

Deine Tischnachbarin oder dein -nachbar nimmt dir immer dein Lineal weg. Das ärgert dich, weil du es selbst brauchst.

Mögliche Du-Botschaft: „Du bist doof! Gib sofort her!"

Mögliche Ich-Botschaft:

_____

_____

2. Die Situation:

Du hast einer Klassenkameradin ein Buch ausgeliehen, und sie hat es dir nicht pünktlich zurückgegeben. Nun sitzt du da und kannst nicht für den Test lernen. Du bist stocksauer auf sie.

Mögliche Du-Botschaft: „Nie kannst du einem was pünktlich zurückgeben. Du bist eine richtig blöde Kuh!"

Mögliche Ich-Botschaft:

_____

_____

3. Die Situation:

Deine Mutter möchte gelegentlich, dass du deinen kleinen Bruder mit zu deiner Clique nimmst und auf ihn aufpasst. Das findest du grässlich, weil du dich dann erstens nicht richtig mit den anderen beschäftigen kannst. Zweitens, weil die dich immer hänseln, dass du „den Kleinen mitschleppen musst".

Mögliche Du-Botschaft: „Du bist so gemein! Immer zwingst du mich dazu, auf ihn aufzupassen und ihn mitzunehmen. Ich will das nicht!"

Mögliche Ich-Botschaft:

_____

_____

4. Die Situation:

Deine Freundin oder dein Freund hat dich zu sich nach Hause eingeladen. Ihr wollt euch erst gegenseitig beim Lernen von Vokabeln helfen und danach ein neues PC-Spiel ausprobieren, das sie oder er gerade geschenkt bekommen hat. Als du pünktlich zur verabredeten Zeit erscheinst, sagt die Mutter: „Was? Ihr wart verabredet? Davon weiß ich nichts. Sie/er ist vorhin mit einem Kind aus der Nachbarschaft zum Schwimmen gegangen." Du bist nicht nur wütend, sondern auch gekränkt, weil du plötzlich Zweifel hast, ob die Freundschaft wirklich so viel wert ist, wie du meinst. Du fühlst dich vergessen und zurückgesetzt. Am nächsten Morgen in der Schule redest du darüber.

Mögliche Du-Botschaft: „Du bist voll bescheuert. Mit dir will ich nichts mehr zu tun haben!"

Mögliche Ich-Botschaft:

_____

_____

5. Die Situation:

Schon seit geraumer Zeit bist du innerlich sehr aufgebracht, weil du abends genauso früh zu Hause sein musst wie deine drei Jahre jüngere Schwester Leonie. Du findest das völlig ungerecht und fühlst dich wie ein Kleinkind behandelt. Deshalb willst du deinen Vater endlich dazu bringen, dir mehr zu gestatten als ihr.

Mögliche Du-Botschaft: „Papa, du bist völlig ungerecht. Wieso behandelst du mich genauso wie die Kleine und bestehst darauf, dass ich zur gleichen Zeit abends zu Hause sein muss? Immer musst du mir alles verbieten, was ich gern möchte. Du behandelst mich wie ein Baby!"

Mögliche Ich-Botschaft:

_____

_____

9. Coaching-Seiten: Formulierungsübung für Jugendliche: Friedfertig miteinander reden

Vorschläge für „Ich-Botschaften" zu den 8. Coaching-Seiten für Erwachsene

1. „Ich bin ärgerlich und enttäuscht. Extra für unsere Verabredung habe ich mir den Tag ganz anders eingeteilt, als ich es ursprünglich wollte und meine Pläne zurückgestellt. Und nun musste ich über eine Stunde auf dich warten. Jetzt habe ich keine Zeit und auch keine Lust mehr, mit dir Schuhe kaufen zu gehen."

2. „Ich erschrecke geradezu, wenn ich mir ausmale, was passieren wird, wenn du in diesem Outfit mit zu Omas Geburtstagsfeier gehst. Sie wird total geschockt sein und sich schrecklich aufregen, weil Menschen in ihrem Alter unpassende Kleidung besonders schlimm und außerdem als Missachtung ihnen gegenüber empfinden. Und dann wird sie mit dir und mit mir schimpfen und die ganze Feier ist verdorben – unsere gute Laune auch. Also, such dir bitte etwas Geeigneteres zum Anziehen aus."

3. „Ich finde es sehr bedauerlich, dass ich dir wegen der fehlenden Arbeit eine Sechs geben muss. Viel lieber würde ich deine schriftlichen Arbeiten besser zensieren können, zumal du dann auch durch deine recht guten mündlichen Leistungen eine Chance auf eine bessere Note im Zeugnis hättest. Die Möglichkeit besteht, wenn du beim nächsten Mal die Arbeit pünktlich abgibst."

4. „Ich bin enttäuscht, weil ihr euch nicht an die Abmachung gehalten habt. Ich habe darauf vertraut, dass hier alles für die Gäste bereit ist, wenn ich mit dem Kuchen ankomme. Ich fühle mich von euch im Stich gelassen, denn es war mir wichtig, dass hier heute alles für die Eltern richtig schön wird. Und jetzt ist die Zeit zu knapp, dies noch hinzukriegen."

5. „Ich kann verstehen, dass Sie lieber eine bessere Zensur für Ihre Tochter hätten. Ich gebe Ihnen gern genaue Auskunft, wie diese Beurteilung zu Stande gekommen ist."

Vorschläge für „Ich-Botschaften" zu den 9. Coaching-Seiten für Kinder und Jugendliche

1. „Ich ärgere mich (oder: Ich finde es doof), wenn du mir immer das Lineal wegnimmst! Ich brauche es selbst, sonst kann ich nicht weiterarbeiten. Gib es mir bitte sofort wieder und lass es mir dann auch."

2. „Ich bin stocksauer auf dich, dass du mir das Buch nicht pünktlich zurückgegeben hast! Jetzt sitze ich in der Tinte und kann nicht für den Test lernen!"

3. „Mama, es ist für mich ganz grässlich, wenn ich ihn mitnehmen muss. Ich kann dann gar nicht richtig mit den anderen was tun. Und außerdem hänseln die mich dann immer, dass ich ihn dabei habe. Bitte, kann ich nicht allein gehen?"

4. „Ich bin wütend auf dich, weil ich mich gestern voll geärgert habe, dass du nicht da warst, obwohl wir verabredet waren. Außerdem bin ich total enttäuscht, dass du mich offensichtlich einfach vergessen hast und schwimmen gegangen bist. Es kränkt mich, dass unsere Freundschaft wohl doch nicht so viel wert ist, wie ich dachte."

5. „Papa, ich empfinde es als ungerecht, dass ich zur gleichen Zeit zu Hause sein muss wie Leonie. Ich fühle mich dadurch wie ein Kleinkind behandelt, dem man nichts zutrauen kann. Und das kränkt mich. Schließlich bin ich drei Jahre älter, und ich denke, deshalb könntest du mir auch etwas mehr gestatten als ihr. Können wir darüber bitte mal reden?"

„Das kann ich dir schriftlich geben" – fragt sich nur, wie?

Über das „Wie" – Auf welchem Weg will ich meine Botschaft senden? – brauchten die Menschen noch bis vor wenigen Jahrzehnten nicht nachzudenken. Es gab nur eine Möglichkeit: per Post. Lediglich die Entscheidung war zu treffen, ob eine Karte, ein Brief oder ein Telegramm die bessere Wahl wäre. Heute ist das Spektrum durch E-Mail-, SMS- und Fax-Möglichkeit weit größer. Und das wirft Fragen auf: Welches Medium ist für welchen Anlass geeignet? Gibt es beim Schicken von E-Mails und SMS Höflichkeitsregeln zu beachten? Und sind Briefe eigentlich völlig „out" oder überlieferte Adressen, Anreden und Grüße inzwischen total verstaubt?

„Ich schreibe einen Brief...“, sagte eine junge Frau zu einem kleinen Kind, als dieses fragte: „Was machst du da?“ während sie eine SMS eintippte. Zum Glück hörte dies ihre Mutter mit, die sofort klarstellte: „Nein, du schreibst keinen Brief, sondern eine SMS!“ Es scheint also angezeigt, Kindern erst einmal die Unterschiede der Begriffe und Übermittlungswege nahe zu bringen. Daran können Sie direkt die verschiedenen Einstellungen und Gefühle der Menschen koppeln sowie auf die empfundenen „Gewichtigkeiten“ – nicht nur in Gramm! – der unterschiedlichen Botschaften eingehen. Und zum Beispiel erklären, dass der „gute alte Brief“ oder eine Karte in vielen Fällen die beste Wahl ist.

Natürlich sind E-Mails und SMS-Nachrichten sehr praktisch. Doch gerade, weil die Flut solcher Meldungen ständig wächst, bekommt ein Brief heutzutage wieder einen hohen Stellenwert – vor allem, wenn er handgeschrieben ist! Dies löst das Empfinden aus: Da hat sich jemand extra Zeit für mich genommen und sich für mich Mühe gegeben. Das wirkt sich positiv auf eine Beziehung aus. Es sind in erster Linie – jedoch längst nicht nur – ältere Menschen, die beispielsweise bei Glückwünschen und Weihnachtsgrüßen, die per E-Mail oder SMS übermittelt werden, oft das Gefühl haben: „Aha, vergessen!“ oder: „Wohl zu faul gewesen, einen ordentlichen guten Wunsch zu schicken!“ Die Faustregel zur Auswahl des Übermittlungsweges kann für Kinder lauten: „Wenn dir ein Anlass sehr wichtig ist oder du einem Menschen zu einem speziellen (Ehren-)Tag deine besondere Wertschätzung zeigen willst, verzichte besser auf E-Mail, SMS und Fax. Schreibe dann lieber eine Karte oder einen Brief – möglichst in ‚Schönschrift‘!“

Für die schriftliche Kommunikation gelten übrigens die gleichen Tipps und Hinweise zu Formulierungen und Sprache wie im Kapitel: Klartext reden – aber bitte richtig!, ab Seite 122.

Zehn wichtige Tipps für die moderne Briefgestaltung

1. Wird ein Brief an ein Paar adressiert, sollen beide Namen komplett auftauchen. Dabei ist es höflich, die Frau an erste Stelle zu setzen, auch wenn es im internationalen Briefverkehr üblicher ist, den Mann zuerst zu nennen. Beispiele: „Frau Sabine Mustermann, Herrn Stefan Mustermann", „Herrn und Frau Stefan und Sabine Mustermann". „Herrn Stefan Mustermann und Frau" ist out. Wer ist „… und Frau"? Ein namenloses Anhängsel! Das passt nicht mehr in unsere Zeit. Noch „verstaubter" sind „… und Gattin", „… und Gemahlin". Auch „Eheleute" ist ein Relikt aus „Amtsschimmel-Deutsch-Zeiten", das in einer modernen Adresse fehl am Platz ist.

2. „Familie Wilhelm Altmann" ist ebenfalls nicht mehr zeitgemäß. Nun sind gleich alle Familienmitglieder „namenlos" geworden. Moderne Varianten: „Frau Sabine Mustermann, Herrn Stefan Mustermann mit Svenja und Sascha" (etwa bei kleinen Kindern), „Herrn und Frau Stefan und Sabine Mustermann, Svenja und Sascha Mustermann". Sind die Vornamen nicht alle bekannt, kann als Notlösung „Familie Mustermann" gewählt werden. Empfehlenswerter ist es jedoch, die Vornamen in Erfahrung zu bringen.

3. Bei Erwachsenen werden „Frau" und „Herrn" vor den Namen gesetzt. Bei Kindern und Teenagern fehlen diese Zusätze. „Judith Schmidt" bedeutet also, dass der Brief an eine Jugendliche geht, „Frau Judith Schmidt", dass er für eine Erwachsene ist. Da „An-Zusätze" (→ 5. Punkt) out sind, fällt auch „An die Schülerin …" oder „An den Schüler …" unter den Tisch.

4. Sind akademische Grade vorhanden, werden sie in der Adresse im Unterschied zur Anrede alle genannt (→ Seite 106).

5. „An die", „An den", „An das" sowie „z. Hd." gelten als altmodisch und überflüssig. Also statt: „An die ABC-Schule, z. Hd. Frau Lehrerin Hempel" auf moderne Art: „ABC-Schule, Frau Siegried Hempel". Berufsbezeichnungen werden heute nicht mehr vewendet. Hingegen ist es modern, den Vornamen mit auszuschreiben.

6. Die Erwähnung „Firma" ist überflüssig, wenn bereits aus dem Firmennamen ersichtlich ist, dass es sich nicht um eine Privatperson handelt. Das ist bei allen Rechtsformen wie GmbH, AG, KG der Fall sowie bei Bezeichnungen, die die Firmentätigkeit ausdrücken, beispielsweise „Frisurenstudio" oder „Holzhandel". Lediglich dann, wenn die Gefahr einer Verwechslung mit einer Privatperson besteht, wird „Firma" vor den Namen gesetzt: „Firma Claudia Schäffer".

7. Bei Anreden gelten die „Verehrte-Formen" im beruflichen Bereich als altmodisch. Dort ist das „Sehr geehrte Frau …", „Sehr geehrter Herr …" seit langem Standard und höflich genug. Wenn allerdings Verehrung ausgedrückt werden soll, ist die Anrede mit „Sehr verehrte/r …" selbstverständlich nach wie vor angebracht. Je nach Vertrautheitsgrad kann das auch mit „Sehr verehrte/r, liebe/r …" erweitert werden.

8. Immer mehr setzen sich Briefanreden mit Tagesgruß durch, etwa: „Guten Tag, Frau Müller", „Guten Tag, sehr geehrte Frau Dr. Schneider", „Grüß Sie, Herr Schuster" oder in vertrauten Verbindungen und für Jugendliche „Hallo, Ina (Möller)".

9. Im privaten Bereich sind natürlich alle Arten von Anreden je nach Vertrautheitsgrad möglich. Ob „Mein heißgeliebtes Stachelschwein" als Kosewort empfunden wird, kann keine Umgangsformen-Regel bestimmen. Wichtig ist, dass Anreden und Grüße im Stil zueinander passen. Dies wäre bei „Sehr geehrter Herr Dr. Oberwichtig" – „Mit den liebsten Grüßen" ebenso wenig gege-

ben wie in der Konstellation: „Geliebte Freundin" – „Mit freundlichem Gruß".

10. Letzteres ist im Berufsleben so zur Standard-Grußformel geworden, dass es oft langweilig wirkt. Moderne Alternativen: „Es
grüßt Sie", „Für heute grüßt Sie freundlich (herzlich)", „Mit
freundlichem Gruß nach (Stadt der Empfangsperson)", „Schöne
Grüße aus (Absende-Stadt)", „Mit sonnigen, (frühlingshaften,
herbstlichen, adventlichen) Grüßen" „Ein schönes Wochenende
wünscht Ihnen ..."

E-Mails – kurz, schnell, schroff?

Gerade mal was mailen – wozu sollte man dabei wohl über Höflichkeit
oder Umgangsformen-Regeln nachdenken? Schließlich ist eine E-Mail
neben SMS und MMS die zurzeit schnellste Kommunikations-
möglichkeit. Da kann es doch wohl egal sein, wie eine solche Ruck-
Zuck-Botschaft formuliert und gestaltet ist. So werden vermutlich viele
Kinder denken. Bitte erklären Sie deshalb: „Falsche Wortwahl oder
Anrede, ungeschickte, vorschnelle oder gar kränkende Formulierungen,
ein nachlässig aufgesetzter Text: Solche unüberlegten ‚Schnellschüsse'
können die Empfängerin oder den Empfänger brüskieren. Zumindest
stören sie die gute Kommunikation – ganz gleich, ob per Brief oder
E-Mail verschickt." Die Grundsatz-Empfehlung lautet deshalb: „Wähle
für deine E-Mail den Stil, den die jeweilige Mitteilung auf einem anderen Übermittlungsweg haben würde. Auch die digitale Korrespondenz
wirkt besser, wenn sie sich an die Grundregeln der Höflichkeit hält.
Dazu zählt ebenso, wenn du deine E-Mail-Adresse bekannt gibst, regel-
mäßig den Posteingang zu sichten."

Zwölf Tipps für die E-Mail-Korrespondenz

1. Auch E-Mails wirken höflicher, wenn sie mit einer Anrede beginnen. Sie soll genauso korrekt geschrieben sein wie in einem Brief und – falls vorhanden – akademische Grade enthalten. Außerdem wird sie nicht anders gewählt, als würde jemand im „guten alten Brief" angeredet: Beispiel: Ein Kind, das seine Lehrerin dort mit „Sehr geehrte Frau Dr. Kluge" anschreiben würde, ändert das nicht in „Hallo, Frau Kluge", nur weil es mailt. Eine Ausnahme zur Anrede: Wenn zwei Personen oder eine (Arbeits-)Gruppe in ständigem E-Mail-Kontakt stehen, der einem Gespräch ähnelt, ist es nicht unhöflich, die Anrede wegzulassen (→ Punkt 10, Grüße).

2. Aus den Anfängen der elektronischen Kommunikation stammt die Gepflogenheit, jede Person einfach zu duzen. Das ist längst überholt. Auch hier gilt: Geduzt werden in einer E-Mail nur diejenigen, die sonst in Schrift und Sprache geduzt werden.

3. So schnell eine E-Mail auch versendet werden kann: Sie ist keine SMS mit begrenzter Textmenge. Also können Wörter bequem ausgeschrieben werden. Abkürzungen – vorrangig missverständliche – sind in keiner Form der Korrespondenz empfehlenswert. Besonders verpönt sind sie bei Grüßen (→ Punkt 10, Grüße) und bei der Anrede. „SgDuH" – soll heißen: „Sehr geehrte Damen und Herren" – „ehrt" in einer E-Mail sicher niemanden der Angeschriebenen.

4. Ein komplett in Kleinbuchstaben geschriebener Text ist sehr leseunfreundlich. Wörter oder ganze Sätze in Großschreibung können – ähnlich wie bei einem Chat – als „Anschreien" empfunden werden. Deshalb soll eine E-Mail wie jedes andere Schriftstück in „normaler" Rechtschreibung verfasst werden. Und: möglichst frei von Rechtschreibfehlern! Solche Patzer wirken auf andere – je nach Einstellung – zwischen „nachlässig" bis „dumm".

5. In einem modernen Geschäftsbrief ist es nicht mehr üblich, das Wort „Betreff" oder die abgekürzte Form „Betr." vor diese Zeile zu setzen. Anders bei einer E-Mail: Dort steht das Wort bereits vor der Zeile und es ist wichtig, dass der Betreff so aussagekräftig wie möglich formuliert wird. So kann die angemailte Person

schnell und individuell entscheiden, wie dringend oder wichtig die E-Mail für sie ist. Höflichkeit bedeutet auch, Rücksicht auf das Zeitbudget anderer zu nehmen.

6. In privaten E-Mails sind Smileys (Emoticons) witzige Beigaben zum Text. In offiziellen (Geschäfts-)Briefen haben sie nichts zu suchen. Im beruflichen Bereich sind sie mit Vorsicht zu platzieren und nur in vertrauten Geschäftsverbindungen angebracht, etwa zwischen gut bekannten Kolleginnen.

7. Wegen des bereits genannten Zeitfaktors gilt es als unhöflich, alle möglichen Mitmenschen mit E-Mails „zuzumüllen", die für sie unwichtig sind. Rücksichtnahme bedeutet in diesem Fall, anderen nicht die Zeit zu stehlen, indem – es ist ja so herrlich bequem – ein großer Verteilerkreis gewählt wird.

8. Im Betreff eine dringende, umgehende Antwort zu erbitten, wenn dies nicht zwingend erforderlich ist – „es ist halt nötig, den Menschen etwas Druck zu machen, damit man bald eine Antwort bekommt" – grenzt an Unverschämtheit. Außerdem: Wer so etwas von jemandem mehrmals erlebt, wird sowieso nicht mehr prompt reagieren. Der Schuss kann also auch nach hinten losgehen. Es ist deshalb aus doppeltem Grund besser, bei der Darstellung der Dringlichkeit ehrlich zu bleiben. Und: Niemand kann erwarten, dass eine E-Mail nur deshalb, weil sie so schnell ankommt, auch innerhalb von Minuten beantwortet werden müsste. Es kann nun mal nicht jeder Mensch bei jeder eingehenden E-Mail alle anderen Arbeiten unterbrechen, um sofort zu reagieren. Die Antwortfrist richtet sich – wie bei Briefen, Faxen oder Telefonaten – nach der Wichtigkeit des Inhalts einer E-Mail.

9. Verzögert sich die Antwort – sei es durch Abwesenheit oder vorrangige, dringende Aufgaben – ist es höflich, einen Zwischenbescheid zu mailen. Dafür können ruhig auch die in der Regel bei E-Mail-Programmen vorhandenen automatischen Kurzmitteilungen genutzt werden.

10. Ebenso wie eine höfliche E-Mail eine Anrede braucht (→ Punkt 1), gehört auch ein Gruß dazu. Er soll, wie im Brief, passend zu der Beziehung zur jeweiligen Person gewählt werden. (→ Seite 155).

Eine – nicht nur bei E-Mails – weit verbreitete Unsitte ist die Abkürzung „MfG" – Mit freundlichen Grüßen. Wer sich nicht einmal die paar Sekunden Zeit nimmt, diese drei Wörter auszuschreiben, widerspricht dem Anspruch „Freundlichkeit". Deshalb sollte auch in einer E-Mail besser auf dieses Kürzel verzichtet werden.

11. Es kann sehr störend sein, wenn ein E-Mail-Anschluss mit einer langen Übertragung blockiert ist. Deshalb ist es höflich, große Anlagen oder „bunte Bilder" – die gerade Kinder gern weitergeben – nur dann zu versenden, wenn die Empfängerin oder der Empfänger sie wirklich braucht oder gewünscht hat.

12. Es ist gut, sich Gedanken über E-Mails zu verschiedenen Anlässen zu machen. Eine Kondolenz-E-Mail ist – wie ein solches Fax – tabu, wenn Sie eine Todesnachricht nicht auf einem dieser Wege erhalten haben und sofort (etwa aus arbeitstechnischen Gründen) reagieren müssen. Dann beweisen Sie allerdings guten Stil, indem Sie einen offiziellen Kondolenzbrief kurz danach verschicken. Er bleibt nach wie vor (möglichst handgeschrieben) die optimale Wahl. Dieser Punkt ist zwar für Kinder noch nicht wichtig, soll aber der Vollständigkeit halber erwähnt sein. Jugendliche sollten bei anderen Anlässen überlegen, ob der Übermittlungsweg per E-Mail angebracht ist, besonders mit Blick auf ältere Menschen (→ Seite 153). Auch für Erwachsene lohnen sich solche Erwägungen. Zum Beispiel für offizielle Glückwünsche im geschäftlichen Bereich – etwa zu einem Geschäftsjubiläum – ist diese Übermittlungsform wenig geeignet. Gleiches gilt für formelle oder feierliche Einladungen wie zu einer Hochzeit, einem Hochzeitsjubiläum oder anderen Jubiläen. Greifen Sie in solchen Fällen lieber auf Briefe oder Karten zurück.

I do all 4 u :- * – die SMS-Abkürzungssprache

„Ich tue alles für dich – Küsschen." Diese Übersetzung der Überschrift kennen inzwischen auch die meisten Erwachsenen. Doch in vielen Fällen ist die „Kiddies-SMS-Aküsprache" für sie ein Buch mit sieben Siegeln. Und das ist auch gar nicht schlimm. Diese „Geheimsprache" kann als eine Unterkategorie der Jugendsprache eingestuft werden. Den Jugendlichen diese zuzugestehen sollte für Erwachsene selbstverständlich sein. Schließlich ist dieses Phänomen uralt. „Die Großen" brauchen sich nur einmal an ihren „Slang" zu erinnern, den sie im Teenageralter „drauf hatten". Klar: Damals waren es andere Ausdrücke – aus heutiger Sicht eher harmlosere. Nehmen Sie nur das Beispiel „geil". Für ältere Menschen ist es immer noch der „Jugendsprache-Schocker". Das kann die junge Generation kaum nachvollziehen, bedeutet „geil" für sie doch nichts anderes als „toll", „super". Was Kinder und Jugendliche jedoch sehr wohl begreifen ist, dass es unterschiedliche Situationen gibt (→ auch: Die Spielregel-Show in vier Bildern, Seite 64). Und wenn Erwachsene bereit sind, ihnen ihre Jugendsphäre zu lassen – was ein Ausdruck von Wertschätzung ihnen gegenüber ist! – werden sie sicher bereit sein, eine Erklärung wie die folgende zu akzeptieren.

INFO

Sie können die Themen „Jugendsprache" und „SMS-Abkürzungssprache" gut verknüpfen und Folgendes deutlich machen: „Es ist rücksichtslos, anderen Texte und Formulierungen zuzumuten, die sie nicht verstehen. Sie fühlen sich dadurch nämlich ausgegrenzt oder, wie ihr es ausdrückt, „doof". (→ auch Seite 128). Deshalb ist es gut, wenn du dir vorher überlegst, wem du eine SMS schickst. Innerhalb eurer Clique weißt du, welche Abkürzungen gang und gäbe sind und verstanden werden. Dann sind sie völlig in Ordnung. Schickst du eine SMS an andere, ist es besser, darauf zu verzichten. Das ist ähnlich wie mit eurer Jugendsprache. Unter euch ist sie üblich und ihr findet sie prima. Erwachsenen gegenüber ist das anders. Die empfinden viele Ausdrücke aus eurem Jargon als störend oder gar als kränkend. Außerdem kann es zu großen Missverständnissen kommen, wenn bestimmte Wörter oder Abkürzungen falsch interpretiert werden. Deshalb bist du nicht nur höflich, sondern auch klug, wenn du deine Sprache – in Wort und Schrift – danach auswählst, wer gerade mit dir ‚im Orchester spielt'. Übrigens: Das gilt für Erwachsene ganz genauso!"

Die wichtigsten SMS-Höflichkeitsregeln auf einen Blick

1. Abwägen, ob sich die Botschaft für eine SMS überhaupt eignet. Bei offiziellen Glückwünschen beispielsweise und Einladungen ist das nicht der Fall. Durch die begrenzte Textmenge gilt das ebenso für Geschäftskorrespondenz. Auch für wichtige Nachrichten ist der SMS-Weg nicht optimal. Der Grund: mangelnde Sicherheit bei der Zustellung.

2. Überlegen, welche Abkürzungen von der Empfangsperson verstanden werden. Gegebenenfalls darauf verzichten.

3. An Anrede und Gruß denken. Die Ausnahme: Es wird mehrmals hin- und her gesimst, und der Dialog hat mehr Gesprächscharakter.

4. In einem Gespräch nicht den Blickkontakt lösen, um eine eingegange SMS zu lesen. Dies wäre das zwar nonverbale, jedoch deutliche Negativ-Signal für das Gegenüber: Die SMS ist wichtiger als ich.

5. Gleiches gilt für das Schreiben einer SMS – sogar mit verstärktem Negativ-Effekt, weil es noch länger dauert als das Lesen.

6. In Gegenwart anderer die Piepstöne ausschalten. Die meisten Menschen finden das „Gefiepe" zumindest störend, oft eher „nervend".

7. Alle Empfehlungen zum Handy-Gebrauch beachten (→ nächstes Kapitel, ab Seite 164).

So schreibst du höfliche Briefe, E-Mails und SMS – richtig oder falsch?

Bitte prüfe die folgenden Behauptungen und entscheide, ob sie richtig oder falsch sind.

1. Es ist am besten, alle schriftlichen Mitteilungen per E-Mail oder als SMS zu versenden. Ganz gleich, um was es sich dabei handelt.
☐ richtig ☐ falsch

2. Wenn du einen Brief an ein Paar adressierst, schreibst du „An Herrn Manfred Mustermann und Frau Gemahlin", wenn du höflich und modern wirken willst.
☐ richtig ☐ falsch

3. Hat jemand einen Doktor- und einen Professoren-Titel, werden die bei der Adresse beide aufgeführt. Bei der Anrede hingegen wird nur der höchste verwendet.
☐ richtig ☐ falsch

4. Die Anrede im Brief und die Grußformel sollen im Stil zueinander passen. Das ist zum Beispiel hier der Fall: „Sehr geehrte Frau Dr. Schönhuber" – „Es grüßt Sie freundlich nach Musterstadt".
☐ richtig ☐ falsch

5. Bei einer E-Mail ist es grundsätzlich nicht nötig, eine Anrede oder einen Gruß zu schreiben.
☐ richtig ☐ falsch

6. Auf Rechtschreibung und Zeichensetzung braucht bei einer E-Mail nicht geachtet zu werden. Das ist im Gegensatz zu einem Brief dort völlig überflüssig.
☐ richtig ☐ falsch

7. Es ist unhöflich, anderen Menschen Abkürzungen zu schreiben, die nicht allgemein gebräuchlich und somit für sie eventuell unverständlich sind.

☐ richtig ☐ falsch

8. Wenn jemand eine SMS geschickt bekommt, während er mit einer anderen Person im Gespräch ist, hat das sofortige Lesen der SMS absoluten Vorrang. Am besten werden dafür der Blickkontakt und das Gespräch unterbrochen.

☐ richtig ☐ falsch

9. Eine SMS eignet sich nicht für alle Arten von Mitteilungen. Es ist beispielsweise besser, Glückwünsche – etwa an betagte Menschen – und Einladungen zu besonderen Festen als Karte oder Brief zu verschicken.

☐ richtig ☐ falsch

10. Wer Rücksicht nimmt, schaltet die Piepstöne aus, wenn er in Gegenwart anderer simst.

☐ richtig ☐ falsch

Auflösung für das Quiz:

1. falsch, 2. falsch, 3. richtig, 4. richtig, 5. falsch, 6. falsch, 7. richtig, 8. falsch, 9. richtig, 10. richtig

10. Coaching-Seiten: Der kleine Selbst-Check: Schriftlich kommunizieren

„Hey, bei dir piept's"
– der gute Ton
am Telefon

Es war einmal ... eine „märchenhafte" Zeit, in der Telefonate in geschlossenen Räumen stattfanden und Menschen nicht das Gefühl hatten, rund um die Uhr erreichbar sein zu müssen. Moderne Technik hat ein neues Telefon-Zeitalter eingeläutet. Doch sind damit gleichzeitig alle Höflichkeitsformen beim Telefonieren außer Kraft gesetzt? Oder gilt es sogar, mehr Rücksicht auf die Mitmenschen zu nehmen als früher, um den steigenden Alltagsstress zu reduzieren? Hilfreiche Tipps und Erläuterungen für Jugendliche zum Handy-Gebrauch, zum Anrufen und zur Gesprächsannahme finden Sie in diesem Kapitel.

„Hey, bei dir piept's!" Der Satz könnte genauso gut lauten: „Hey, bei dir jault's, bellt's oder dudelt's". Doch ganz gleich wie: Was früher schnell als Beleidigung hätte aufgefasst werden können, ist heute lediglich der freundlich gemeinte Hinweis, dass jemand den Klingelton seines Handys überhört hat. Oder manchmal auch, wenn die Betonung auf „... bei *dir* ..." liegt, die Klarstellung, dass es sich nicht um Susis, Marcs oder sonst wessen Handy handelt, wenn mehrere die gleichen Klingeltöne geladen haben. Dass solche von vielen Menschen alles andere als cool gefunden werden, scheint wenig bekannt zu sein – und zwar auch bei Erwachsenen! Der gedanken- und rücksichtslose Umgang mit dem „Wichtigknochen" ist kein ausschließliches Jugendphänomen, sondern in allen Altersgruppen zu beobachten. Deshalb ist es wichtig, bereits Jugendlichen den rücksichtsvollen Umgang mit dieser modernen Technik verständlich zu machen. Um Missverständnissen vorzubeugen: Das Handy an sich hat nichts Schlechtes und es wäre unklug, es Kindern gegenüber zu „verteufeln". Es ist in vielen Situationen hilfreich und kann sogar Leben retten. Nur: Sehr häufig wird vergessen, wie stark inzwischen der Belästigungsfaktor empfunden wird, dem sich viele durch das permanente Telefonieren in der Öffentlichkeit ausgesetzt sehen.

INFO

Verdeutlichen Sie Jugendlichen am besten erst einmal, was Menschen überhaupt am Telefonieren mit dem Handy nervt: „Da ist zum einen die Lärmbelästigung durch die Klingel-Bimmel-oder-wie-auch-immer-Töne. Zum anderen das aufgezwungene Mithören von Gesprächen wildfremder Leute. Dazu kommt: Wer irgendwo seine Ruhe haben möchte – zum Beispiel beim Essen im Restaurant – oder sich auf etwas konzentrieren will oder muss – etwa beim Arbeiten während einer Zugfahrt – kann beides vergessen, wenn er ein paar Handy-Fans in Aktion um sich hat." In einer aktuellen Umfrage sprechen sich 92 Prozent der Befragten dafür aus, in Deutschland Verbotszonen für Mobiltelefone einzuführen.

Teilweise wird dem Wunsch nach Verbotszonen für Mobiltelefone bereits entsprochen, beispielsweise bei der Bahn und in Restaurants. Doch leider beachten viel zu viele Handy-Fans die Verbotsschilder nicht.

Außerdem ist es gerade dort, wo es keine gibt, besonders wichtig, sich beim Gebrauch von Handys anderen Anwesenden gegenüber rücksichtsvoll zu verhalten. Dass dies ganz einfach ist, beweist die folgende Übersicht.

Die zehn wichtigsten Regeln zur Handy-Höflichkeit

1. Tabuzonen respektieren

Darunter fallen erstens alle mit einem Handy-Verbotszeichen gekennzeichneten Bereiche, zum Beispiel in Frühstücksräumen in Hotels, im Zug oder Restaurant. Zweitens zählen dazu Sicherheitstabus wie: Flugzeug, Krankenhaus, Tankstelle, Fahrrad, Auto ohne Freisprechanlage während der Fahrt für Fahrerin oder Fahrer. Drittens gibt es Höflichkeitstabus. Dazu zählen an erster Stelle eine Beerdigung und eine Trauerfeier. Bei diesen Anlässen erstreckt sich das Tabu nicht nur auf das Telefonieren, sondern auch auf das sichtbare Mitnehmen eines Handys. Es wäre für die Hinterbliebenen das zwar nonverbale, aber hammerharte Negativ-Signal: „Nicht einmal für diese Zeit der Trauer will ich andere ‚Wichtigkeiten' außen vor lassen." Aus ähnlichen emotionalen Gründen soll das Mobiltelefon auch bei Krankenbesuchen versteckt bleiben. Weitere Höflichkeitstabus: in der Kirche, bei einem Vorstellungsgespräch, festlichen Dinner, Kundengespräch, Festakt / einer Feierstunde, im Theater, Konzert, Kino, Museum, beim Seminar, Vortrag, in der Bibliothek, während einer Vorlesung und des Schulunterrichts.

2. Rücksichtslosigkeiten erkennen

Sei es im Wartezimmer beim Arzt, bei gesellschaftlichen Anlässen, während Konferenzen, Geschäftsbesprechungen oder Meetings, bei Busreisen und im Speisewagen: Dort sollte das Handy stumm geschaltet oder ausgestellt sein und zum Telefonieren der Raum verlassen oder eine Pause / das Ende abgewartet werden. Für Notfälle: lautlos! simsen, etwa in einem Wartezimmer.

3. Lärmbelästigung vermeiden

Dazu technische Hilfsmittel nutzen: Stummschaltung, Vibrationsalarm. Und: Nicht im Beisein anderer ins Handy brüllen, als müsse die Stimme ohne das Gerät die angerufene Person erreichen!

4. Abstand wahren

In Situationen wie im Zug (handyfreie Zonen ausgenommen), in öffentlichen Nahverkehrsmitteln, am Flugplatz oder Bahnhof, im Restaurant, einer Bar oder Hotelhalle (falls nicht seitens der Hotelleitung als unerwünscht deklariert) gebietet es die Höflichkeit, Anruftöne mindestens leise zu stellen sowie Abstand zu anderen zu wahren beziehungsweise die Stimme zu dämpfen.

5. Rücksicht nehmen

Auch dort, wo rege Betriebsamkeit herrscht wie auf der Straße, in Geschäften, Supermärkten und Ähnlichem, ist es höflich, laute „Klingel-Arien" zu vermeiden, leise zu sprechen und, wenn eben möglich, anderen aus dem Weg zu gehen.

6. Kosten für Anrufende gering halten

Da ist zum einen der altbekannte Satz: „Fasse dich kurz." Da Handy-Gebühren immer noch teurer sind als die Telefonkosten bei einem Gespräch über das Festnetz, hat er seine Gültigkeit nicht verloren. Zum anderen kostet ein langer Ansagetext auf der Mobilbox das Geld und die Zeit der anrufenden Person. Deshalb bitte keinen „langen Sermon" mit unnötigen Informationen verfassen. Das gilt ebenso für den „guten, alten Anrufbeantworter"!

7. Versteckte Fettnäpfchen erkennen

Wird während eines Gesprächs das Handy auf den (Schreib-)Tisch gelegt, signalisiert das: Ich bin jederzeit bereit, die Unterhaltung mit dir (Ihnen) zu unterbrechen (→ auch: Die wichtigsten SMS-Höflichkeitsregeln, Seite 161). Dies lässt beim Gegenüber schnell das Gefühl aufkommen: Ich bin unwichtig. Das beeinträchtigt die Kommunikation.

8. Richtig melden

Alles, was zum Melden am Telefon aufgeführt ist (→ nächste Seite), gilt auch bei der Gesprächsannahme am Handy. Hier ist ein „Hallo" oder „Bitte" ebenfalls nur gegenüber vertrauten Personen angebracht.

9. Uhrzeit beachten

Zwar gibt es bei Anrufen unter einer Handynummer einen etwas größeren Spielraum als bei den Empfehlungen für Telefonzeiten in einem fremden Privathaushalt (→ Seite 172). Schließlich kann jeder die Mobilbox-Funktion aktivieren, wenn er ungestört sein will. Trotzdem ist es rücksichtsvoll, weder frühmorgens noch spätabends, geschweige denn zu nachtschlafender Zeit eine Handynummer zu wählen – selbst der versierteste Technikfan kann mal vergessen, sein Handy stumm- oder auszuschalten.

10. Sich an die Grundregel erinnern

Überall dort, wo ein Telefonat die Ruhe und Entspannung oder die Konzentration anderer Menschen stören könnte, wird auf den Handy-Gebrauch verzichtet.

„Hallo!" „Bitte?" „Ja?!" – namenloses Melden am Telefon

Laut einer Repräsentativ-Umfrage finden es über 70 Prozent der Deutschen unhöflich, wenn bei der Gesprächsannahme am Telefon der Name verschwiegen wird. Über das von „Kurzmeldungsfans" oft vorgebrachte Argument, das Verschweigen des Namens sei eine Schutzfunktion, lässt sich trefflich streiten. Zumindest bei einer offiziell bekannten Telefonnummer. Will beispielsweise jemand eine Frau, deren Nummer er sich auf einer entsprechenden CD-ROM oder im Telefonbuch gesucht hat, mit Obszönitäten ärgern oder aus der Fassung bringen, wird er das so oder so tun. Ganz gleich, ob sie sich mit „Hallo" oder ihrem Namen gemeldet hat. Etwas anderes ist das bei einer Geheimnummer, die nirgends erscheint. Dann könnte das Melden mit den Namen unter Umständen das „Geheimnis" platzen lassen.

INFO

An dieser Stelle können Sie beispielhaft auf Folgendes eingehen: „Muss ein Mensch sich an Umgangsformen-Regeln halten?" Auch, wenn „der Bauch" darauf als Erstes die Antwort „ja" geben möchte, wäre sie schlecht – genau genommen sogar gelogen. Niemand muss sich an die Spielregeln halten. Das „Muss" steht an etwas anderer Stelle: Er muss die Konsequenzen ertragen, die ihm daraus erwachsen, wenn er sie missachtet. Und diese Konsequenzen können von harmlos über unangenehm bis existenzgefährdend sein. Beispiel: Melden mit „Hallo" am Telefon. Schießt eine Person die Empfehlung, sich mit dem Namen zu melden, in den Wind, ist eine Konsequenz, dass sie von der Mehrzahl der Deutschen als unhöflich eingestuft wird. Diese ist nur dann harmlos, wenn ihr das völlig egal ist. Möchte sie bei den meisten Menschen einen guten Eindruck hinterlassen, ist die Konsequenz bereits unangenehm. Und meldet sie sich gar im Berufsleben so, kann sie sich damit beträchtlich schaden.

Zehn Tipps zum modernen Melden am Telefon

1. Im Privatleben ist es höflich, zum Namen den passenden Tagesgruß auszusprechen. Im Berufsleben sind die Grundbestandteile: Firmen- oder Schulname, Name der gesprächsannehmenden Person, Tagesgruß.

2. Ob der Tagesgruß vorangestellt oder nach dem Namen genannt wird, ist gleichermaßen höflich. Oft ist es jedoch besser, ihn als Erstes auszusprechen. Der Grund: Die erste Silbe wird meistens – oft auch noch die zweite – nicht verstanden. So ist es besonders bei einem kurzen Namen klüger, ihn erst nach dem Tagesgruß zu nennen, damit er richtig aufgenommen werden kann.

3. Auf beiden „Bühnen" und für alle „Mitspielenden im Orchester" ist es modern, sich mit Vor- und Zunamen zu melden. Früher war das „Kiddie-Kram" und Erwachsene beschränkten sich auf den Nachnamen. Das ist jedoch überholt.

4. Der Zusatz „Frau" gilt wie bei einer Selbstvorstellung (→ Seite 97) als „verstaubt", die Beigabe „Herr" als stillos.

5. Kurze Zusätze wie „Sie sprechen mit ..." oder „Mein Name ist ..." sind vorrangig im Berufsleben üblich.

6. Eine „Bandwurmansage" hingegen wird als unhöflich eingestuft. Der Grund: Sie kostet nicht nur die Zeit, sondern auch das Geld der anrufenden Person!

7. Die empfehlenswerteste Form bei der Selbstvorstellung (→ Seite 95), die „Ich-bin-Version", ist die modernste Variante auch am Telefon.

8. Kann die anrufende Person laut Nummer oder Namen im Display ziemlich eindeutig identifiziert werden, gilt es als modern und höflich, sie direkt mit ihrem Namen und Tagesgruß anzusprechen.

9. Nimmt jemand an einem fremden Telefon ein Gespräch an, meldet er sich mit: „Bei ..." (Name der Familie oder Person) und dann dem eigenen Namen sowie dem Tagesgruß.

10. Einige Beispiele:
    - „Guten Morgen, Liz Müller."
    - „Joseph Schneider, guten Abend."
    - „Hallo, Marco, wie geht's?"
    - „Guten Tag, Gilla, wie schön, dass du anrufst!"
    - „Grundschule XY, Sekretariat, ich bin Christine Arbeiter, guten Morgen."
    - „Guten Morgen, Ratsgymnasium, Sie sprechen mit Gerold Hausmann."
    - „Bei Familie Muster, mein Name ist Jutta Besucherin, guten Abend."

„Störe ich gerade?" – ungelegene Anrufe

Ein Anruf ist in den meisten Fällen wie ein Überfall – ausgenommen in manchen Berufsbereichen wie bei einem Call-Center. Deshalb ist es vorrangig im Privatleben sinnvoll, als Anruferin oder Anrufer nach dem Nennen des Namens als Erstes zu fragen, ob das Gespräch überhaupt gelegen kommt. Das würde es denjenigen, die schlecht Nein sagen oder ihre Grenzen aufzeigen können, leichter machen. Es ist für viele einfacher, auf eine Frage wie: „Störe ich Sie gerade?" mit einem „Ja" oder auf die Positiv-Formulierung: „Haben Sie Zeit für ein Gespräch?" mit „Leider nein" antworten zu können, statt sich Gedanken darüber machen zu müssen, wie sie das Telefonat wohl höflich abwimmeln könnten. Da aber – leider! – die wenigsten diese Telefon-Spielregel anwenden (kennen? beachten?), bleibt oft keine andere Wahl, als selbst aktiv zu werden. Hier einige Beispiele für „höfliches Abwimmeln":

1. Für sich selbst:

> „Es tut mir leid, aber ich habe im Augenblick keine Zeit (nicht die nötige Ruhe) für ein (längeres) Gespräch. Lassen Sie uns bitte eine andere Zeit ausmachen."

> „Ich kann gerade nicht länger mit dir telefonieren, weil … (ich zu einem Termin muss, in der Küche etwas auf dem Herd steht, ich Clara vom Kindergarten abholen muss oder was auch immer der Hinderungsgrund ist). Kann ich dich heute Nachmittag (etwas später) wieder anrufen?"

2. Für andere:

> „Mein Mann hat im Augenblick keine Zeit für ein Telefonat. Er ruft Sie gern später an. Wann wäre es Ihnen recht?"

> „Meine Mutter kann jetzt nicht ans Telefon kommen, tut mir leid. Möchten Sie, dass ich Ihre Nummer aufschreibe, damit sie später bei Ihnen anrufen kann?"

INFO

1. Für einen fremden Privathaushalt gelten als rücksichtsvolle Kernzeiten für Telefonate: werktags morgens zwischen 9:30 und 12:30 Uhr, nachmittags ab 15:00 bis 20:00 Uhr und an Wochenenden vormittags besser noch später. Ausnahme: wenn der Nutzen des Gesprächs auf der Seite der angerufenen Person liegt.

2. Die höflichste Form, wenn jemand keine Zeit oder Lust auf ein Telefonat hat, ist, einen Rückruf anzubieten. Die Ausnahme: Liegt der Nutzen des Gesprächs ausschließlich auf der Seite der oder des Anrufenden, ist dieses Angebot überflüssig.

3. Lächeln am Telefon ist am anderen Ende der Leitung „hörbar"! Es klingt zwar ziemlich unglaublich, ist jedoch Tatsache: Die Stimme verändert sich positiv, wenn gelächelt wird. Zusatztipp, vorrangig für das Berufsleben: Als Erinnerung an „Bitte am Telefon lächeln!" einen Smiley auf oder neben dem Apparat platzieren.

4. Nach einer Fehlverbindung wortlos aufzulegen, ist sehr unfreundlich. Eine kurze Entschuldigung wie: „Oh, tut mir leid, ich muss mich wohl verwählt haben", ist nicht nur höflich, sondern führt oft sogar zu einem kurzen, doch meist freundlichen Gespräch, das den (Arbeits-)Alltag erhellen kann.

5. Wer an einen „Geheimniskrämer" gerät, der seinen Namen nicht nennt, verkneift sich am besten die Frage: „Ja, wer ist denn da bitte?", und gibt seinen Namen lieber direkt bekannt. Der Grund: Wer sich aus einem Schutzimpuls heraus ohne den Namen meldet, will erst einmal wissen, ob es sich um eine „harmlose" Person handelt, die anruft.

6. Alles zu Formulierungen, Zuhören und Wortwahl Ausgeführte (→ Kapitel: Klartext reden – aber bitte richtig!, ab Seite 118) gilt natürlich auch am Telefon!

Auch **Kleidung**
kann „reden"

Zugegeben: Es ist eine „stumme" Sprache, mit der die Kleidung „erzählt" – oft jedoch eine sehr eindringliche. Das Problem dabei: Betrachtende verstehen sie auf ihre ganz persönliche, subjektiv gefärbte Art. Deshalb ist das Thema „richtige Kleidung" ein besonders schwieriges, und oft gibt es Miss-Stimmungen oder gar Streit um die Frage: „Was ist das richtige Outfit für diesen Anlass, in dieser Situation?" Schon unter Erwachsenen sorgen unterschiedliche Einstellungen oft für Differenzen. Noch schwieriger ist es, die verschiedenen „Geschmäcker" von Erwachsenen und Jugendlichen unter einen Hut zu bringen. Anregungen, wie der „Kleidungsgenerationskonflikt" gemindert werden kann sowie Tipps zur Garderobe allgemein finden Sie in diesem Kapitel.

Was prägt alles das „Ohr", mit dem die stumme Kleidersprache aufgenommen wird? Es ist eine ähnliche Vielfalt wie beim ersten Eindruck: Geschmack, Wertmaßstäbe, Erwartungen, Ästhetik, Erinnerungen, Statusempfindungen, Stereotype-Denken, Image-Vorstellungen und mehr. Und diesem „Werte-Kaleidoskop" entspringt die Beurteilung, ob die jeweilige Kleidung „richtig" oder „falsch" ist. Dies erklärt, warum gerade das Thema „Kleidung" so oft zum Reibungspunkt zwischen Jugendlichen und Erwachsenen wird. Wenn Sie sich die – unvollständige – Zusammenstellung der subjektiven Auslöser für die Beurteilung von „richtiger" oder „falscher" Kleidung noch einmal ansehen, werden Sie feststellen: Es ist so gut wie aussichtslos, dabei einen Konsens zwischen den Generationen herzustellen. Die individuellen Hintergründe für die im Unbewussten gespeicherten Beurteilungsauslöser sind viel zu verschieden. Deshalb ist es am besten, das Thema Kleidung zum „Toleranz-Übungsplatz" zu ernennen – selbstverständlich mit einem intensiven Blick auf Grenzwahrung.

Eine mögliche Definition von Toleranz in diesem Fall: Erwachsene „verteufeln" nicht jeden Modekram, den Jugendliche gerade „hip" finden. Ihnen werden bestimmte „Bühnen" und „Rollen" zugestanden, ihre Modelust auszuleben. Beispiele: Pop-Konzert, Disco-Besuch, Feten in der Clique, Freizeit ganz allgemein. Erziehende verkneifen sich degradierende Äußerungen über „den schlechten Geschmack" (→ nächste Seite oben). Im Gegenzug dazu lernen junge Menschen, verschiedene Situationen im Leben durch angemessene Kleidung zu würdigen und zu tolerieren, dass Erwachsene in vielen Punkten einen anderen Geschmack haben als sie.

Behalten Sie bitte auch beim Thema Kleidung die folgenden zwei Punkte im Auge: Erstens, dass jeder Mensch das Recht auf seine Sichtweise hat, zu der auch Geschmack gehört. Zweitens bedenken Sie auch bei Gesprächen über die – meist unliebsame – „Klamottenfrage" alles Wichtige zu deeskalierender Sprache (→ Kapitel: Klartext reden, aber bitte richtig, ab Seite 118).

Einige Beispiele:

- „Du siehst ja heute mal wieder völlig unmöglich aus!"
- „Wie kann man sich nur so geschmacklos anziehen?!?"
- „Richtig ordinär wirkst du in diesem Zeug!"
- „Was für einen Fummel hast du dir denn da wieder gekauft?"
- „Verboten siehst du aus in diesem Aufzug!"

Mit solchen Statements – von Erziehenden gern gebraucht! – wird der „Klamotten-Krieg" gefördert statt verringert. Es sind allesamt abwertende und beleidigende Du-Botschaften, die das Kind angreifen und Aggression fördern. Sie verhelfen weder zu einer Einsicht noch sind sie geeignet, eine Änderung des „Dresscodes" herbeizuführen. In den meisten Fällen brauchen sie nicht einmal durch eine bessere Formulierung ersetzt zu werden – sie können einfach unausgesprochen bleiben. Anders ist das, wenn es einen Grund gibt, einen „Klamotten-Wechsel" herbeizuführen (eine Ich-Botschaft dazu → Seite 150) oder, wenn Sie von Jugendlichen nach ihrer Meinung gefragt werden. Dann bieten sich Äußerungen wie die folgenden an:

- „Ich kann diese Schlabberhosen beim besten Willen nicht schön finden. Für mich wirken sie einfach nur unförmig und unvorteilhaft für die Figur. Aber wenn du dich darin wohl fühlst, wird das ja seinen Grund haben."
- „Für meinen Geschmack passen so viele verschieden gemusterte Teile (passen Rot und Lila) nicht zusammen."
- „Ich empfinde nach wie vor eine Abneigung gegen diese bauchfreie Mode. Für mich liegt einfach die Gedankenverbindung zu ‚leichte Mädchen' (Nutten) zu nahe, weil früher eben nur diese sich so freizügig kleideten."
- „Ich finde diese Zusammenstellung weder schick noch geschmackvoll. Ich hätte Angst, mich zu blamieren, wenn ich so gekleidet wäre. Aber ich muss das ja nicht anziehen."
- „Ich weiß ja, dass es angeblich ‚cool' ist, wenn Kleidungsstücke so aussehen, als wären sie schon zig Jahre alt. Auf mich wirkt das aber einfach nur verschlissen, abgetragen und unansehnlich."

Solche Ich-Botschaften sind frei von Beleidigungen, regen zum Nachdenken an und drücken die Achtung für das Kind aus. Das erleichtert es, ihm die Wichtigkeit von Wertschätzung anderen gegenüber zu vermitteln und bereitet den Boden für die folgende Erklärung:

Was Kleidung mit Wertschätzung zu tun hat

Bei der Kleidung ist es genauso wie mit allen modernen Spielregeln: Sie wird nach der „Spielregel-Show in vier Bildern" (→ Seite 64) gewählt. Zusätzlich zu dieser Erläuterung ist folgender Hinweis gut: „Mit deiner Kleidung kannst du Menschen kränken, zum Beispiel bei einer Einladung. Möchte jemand einen für ihn wichtigen Tag auf eine besondere Art und Weise feiern, gehört für ihn oft auch ein bestimmter Kleidungsstil dazu. Wird dieser Wunsch missachtet, bezieht ein Mensch das nicht nur auf seine Veranstaltung, sondern empfindet es als Geringschätzung seiner Person. Das bedeutet umgekehrt: Wenn du dich für die der jeweiligen Situationen angemessene Kleidung entscheidest, zeigst du damit deinen Mitmenschen die ihnen zustehende Wertschätzung."

Schulkleidung – ein heißes Thema

Die Diskussionen um Schulkleidung ranken sich zum einen um Detailfragen, etwa: „Wie viel nackte Haut ist in der Schule gestattet?" Die derzeitige bauchfreie und ganz allgemein recht freizügige Teenie-Mode macht es notwendig, Regeln für angemessene Schul-Outfits zu finden. Gegebenenfalls müssen sogar Maßnahmen ergriffen werden, wenn von Elternhäusern zu wenig Unterstützung gegeben wird (→ Seite 24). Eine Aktion, die viele Schlagzeilen in der Presse machte, war diese: Ein Schulleiter ließ überdimensional große T-Shirts mit einem Aufdruck des Schulnamens herstellen. Diese wurden all denjenigen morgens „übergestülpt", die zu offenherzig gekleidet erschienen. Laut Pressebericht hat das zwar anfangs zu Protesten seitens der Schülerschaft geführt, später jedoch waren die (inzwischen ausgegangenen) T-Shirts so begehrt, dass sie in dem Ort „Kult-Status" erreicht haben.

Da solche „Sonder-Aktionen" nicht allgemein praktikabel sind, wird zum anderen die Grundsatz-Debatte um einheitliche Schulkleidung verstärkt – und sehr kontrovers! – geführt. Versuchsprojekte wurden gestartet und teilweise bereits wieder eingestellt. Die Aussagen der daran beteiligten Schülerinnen und Schüler spiegeln das Bild der Meinung von Erziehenden: Pro und Kontra halten sich ziemlich die Waage. Von Einengung bis „Freiheitsberaubung" sprechen die einen. Die anderen weisen darauf hin, wie vorteilhaft es doch ist, wenn durch einheitliche Kleidung das Wir-Gefühl und die Identifikation mit „meiner" Schule gefördert wird; dass soziale Unterschiede sich nicht mehr sichtbar in unterschiedlicher Garderobe ausdrücken. Und: wie viel finanzieller Druck so manchem Elternhaus erspart bleibt, wenn das „Markenklamotten-Phänomen" verschwindet. Letzteres lastet übrigens auch auf den Kindern. Das beweisen Aussagen von Jugendlichen, die Erfahrung mit

INFO

Dort, wo es keine einheitliche Schulkleidung gibt (in Deutschland also am weitaus größten Teil aller Schulen), ist dies ganz wichtig: Bestärken Sie die Jugendlichen so oft es geht darin, dass die Qualitäten eines Menschen weder an seiner Kleidung erkannt noch durch Dinge wie Schultaschen, Federmäppchen, Handys und anderes ausgedrückt werden können. Vermitteln Sie ihnen bitte eindringlich: Es ist unfair, einen Menschen nach seinem Outfit oder seinen Accessoires wie „den richtigen Turnschuhen" oder dem modernsten Stand von technischen Geräten, die er besitzt, zu beurteilen. Außerdem ist es unklug, jemanden so oberflächlich und ungerecht zu bewerten. Durch solche Vorurteile kann einerseits verhindert werden, die wahren Werte eines Menschen zu erkennen. Damit ist unter Umständen der Weg zu einer wunderbaren (neuen) Freundschaft verbaut. Andererseits besteht die Gefahr – vom „schönen Schein" geblendet –, böse Erfahrungen und Enttäuschungen hinnehmen zu müssen. Deshalb ist es wichtig, hinter die Fassade zu schauen. Jemand, der weder die gerade „hippen Klamotten" trägt noch sich mit teuren Status-Symbolen umgibt, kann ein weit wertvollerer Mensch sein als derjenige, der sich aufstylt!

Schulkleidung gemacht haben. Übrigens: Manche von ihnen erwähnen auch ein rein praktisches Detail: „Es ist prima, wenn man morgens nicht erst lange überlegen muss, was man wohl anzieht."

Schulkleidung ist „Berufskleidung"

Teilweise ist es nicht einfach, Jugendlichen klar zu machen, was Erziehende als „angemessene" Kleidung für die Schule ansehen. Sie wollen ihren Pop-Stars nacheifern, gut – in ihrem Verständnis also „geil" – aussehen und können (wollen?!) oft nicht verstehen, warum die Erwachsenen sich zum Beispiel über bauchfreie Klamotten in der Schule aufregen. Eine Hilfe, das Verständnis zu erleichtern ist, ihnen dies zu erläutern:

„Es gibt in vielen Berufen eine spezielle Berufskleidung, etwa bei Flugbegleiterinnen und Stewards, bei der Polizei, in der Arztpraxis. Erwachsene in bestimmten Berufen tragen Anzüge (die Männer) oder Kostüme beziehungsweise Hosenanzüge (die Frauen), etwa in Führungsetagen großer Konzerne oder Banken. Und die Berufskleidung von Pop-Stars ist vorrangig bei Auftritten meist extrem flippig und exaltiert, manchmal auch etwas spleenig. Die meisten von denen sehen übrigens ‚ganz normal' aus, wenn sie zum Beispiel beim Bäcker um die Ecke Brötchen kaufen. Dein momentaner Beruf ist es, zur Schule zu gehen. Das ist halt eine andere ‚Aufführung' als Freizeit oder Party. Deshalb gehört zum Schulbesuch auch eine Art ‚Berufskleidung'. Sie lässt dir allerdings weit mehr Freiheit, als es beispielsweise bei den eben erwähnten Berufen für die Erwachsenen der Fall ist. Die müssen dann die spezielle, vorgeschriebene Kleidung tragen. Du dagegen hast viel Auswahl bei dem, was du in der Schule anziehst. Das ist auch gerecht, denn Lehrerinnen und Lehrer müssen ja ebenfalls nicht im Kostüm oder Anzug mit Hemd und Krawatte erscheinen wie diejenigen, die im Management großer Firmen tätig sind. Wir alle gemeinsam beachten jedoch diese Grundregeln zur Kleidung in der Schule: …"

Hier kann dann die schulinterne Absprache zu bestimmten Kleidungsregeln folgen. Ein Vorschlag: ... Sie soll sauber und heil sein sowie gut gepflegt werden, damit sie nicht unangenehm riecht. Bauchfreie Modelle und trägerlose Sonnentops oder solche mit Spaghettiträgern (für Mädchen), Achselshirts und Oberteile, die wie Unterhemden aussehen (für Jungen) werden in der Schule mit einem T-Shirt, Sweatshirt oder Pullover verdeckt, wahlweise durch eine Bluse beziehungsweise ein Hemd ersetzt. Auf Freizeit-Outfits, die wie Strandmode oder Badekleidung aussehen, wird verzichtet. Vor und nach dem Sportunterricht werden die Sachen gewechselt.

INFO

Bitte bedenken Sie, dass Sie auch beim Thema Kleidung Vorbilder für die Jugendlichen sind. Zwischen offizieller Business-Kleidung, wie sie im Management getragen wird – „Nadelstreifen-Szene" – und „Gelehrten-Gammellook" liegen (Mode-)Welten. In der goldenen Mitte gibt es reichlich Auswahl, die es Lehrkräften ermöglicht, einen etwas gehobenen Stil mit Bequemlichkeit zu verbinden. Im Zuge der vielen Pressekampagnen zu diesem Thema haben Jugendliche beispielsweise geäußert: „Ja, klar bin ich bereit, mich an Kleidungsregeln in der Schule zu halten. Aber ich wünsche mir auch von so manchem Lehrer, dass er sich etwas besser anzieht. Ich denke da besonders an einen speziellen. Der kommt das ganze Schuljahr lang in gleichmäßig ausgebeulten und zerknitterten Cordhosen."

Zehn Regeln für die Auswahl der Kleidung

1. Sich mit der Kleidung den Erwartungen anderer anzupassen hat nichts mit Selbstaufgabe zu tun. Es zeigt, dass jemand eine reife Persönlichkeit ist, die anderen Wertschätzung entgegenbringt. Die in der Lage ist, verschiedene Lebenssituationen zu differenzieren und dies durch ihre Kleidung sichtbar werden lässt.

2. Die jeweils angemessene Kleidung zu tragen ist auch ein Selbstschutz – besonders bei Erstbegegnungen. Beim ersten Eindruck spielt sie eine sehr große Rolle (→ Seite 59) und hat erheblichen Einfluss darauf, ob jemand sympathisch oder unsympathisch gefunden wird.

3. Gastgebende haben grundsätzlich das Recht, den Kleidungsstil bei ihrer Veranstaltung zu bestimmen. Solche Wünsche können mündlich geäußert oder in eine Einladung gedruckt/geschrieben werden. (Das wird dann Bekleidungsvermerk genannt.) Dies gilt für private wie öffentliche Ereignisse. Beispiele: Zu einer Familienfeier, bei der Geburtstagsfete, bei einem Ball oder beim Schulfest.

4. Einen Bekleidungsvermerk zu missachten ist sehr unhöflich. Die Grundregel lautet: Wer zu der Veranstaltung hingehen möchte, hält sich daran. Wer keine Lust hat, die gewünschte Garderobe anzuziehen, bleibt zu Hause.

5. Es gibt auch „Üblichkeitsregeln" für Kleidung bei Veranstaltungen. Deshalb verzichten viele Einladende auf einen Garderobenhinweis. Sie gehen davon aus, dass man – wobei „frau" mitgemeint ist – ja von allein wisse, was angebracht sei. Das ist zum Beispiel bei Empfängen so (elegante Tageskleidung wird erwartet), bei besonderen Feiern wie Geburtstag (statt Alltagskleidung wird eine etwas „bessere" Aufmachung gewünscht) und bei Bällen (Abendgarderobe ist selbstverständlich).

6. Es ist empfehlenswert, sich bei Unklarheiten vorher zu erkundigen, welcher Kleidungsstil gewünscht wird. Dies ist auch im eigenen Interesse, da sich kaum jemand wohl fühlt, wenn er „under-

dressed" oder „overdressed" gekleidet ist. Um solche Unsicherheiten zu vermeiden sollten Gastgebende ihre Wünsche klar äußern.

7. Eine „Üblichkeitsregel", die keine Zweifel aufkommen lässt, ist die Bekleidung zu einer Beerdigung oder Trauerfeier. In unserem Land ist die Trauerfarbe nach wie vor Schwarz (aber in Indien zum Beispiel Weiß). Als Ersatz gelten dunkelstes Grau (Anthrazit) und tiefstes Dunkelblau. Die Faustregel: Je enger das Verhältnis zur oder zum Verstorbenen, desto konsequenter wird die Farbe Schwarz getragen. Kinder und Jugendliche sind nicht zwingend an diese Regel gebunden. Trotzdem sollten auch sie sich so dunkel wie möglich kleiden und nicht gerade in poppigen oder grellen Farben erscheinen.

8. Geht ein erwachsenes Paar gemeinsam aus, sollten die beiden ihren Kleidungsstil aufeinander abstimmen. Es macht einen zumindest uneinigen, eher jedoch seltsamen Eindruck, wenn er in Lederfransenhemd und Cowboystiefeln, sie hingegen im paillettenbesetzten Cocktailkleid daherkommt.

9. Bei beruflichen Vorstellungsgesprächen ist es klug, den Kleidungsstil der Branche zu kennen und sich ihm anzupassen. Von Jugendlichen, die sich um einen Praktikumsplatz bewerben, erwartet das natürlich niemand. Doch gepflegte, nicht zu flippige Kleidung ist auch dann angesagt. Eine mögliche Ausnahme: Es will sich jemand bei einer Szene-Boutique für Jugendklamotten bewerben. Geht es hingegen um den beruflichen Ausbildungsplatz, ist der Blick auf die Kleidungsgepflogenheiten der Branche schon wichtig.

10. Zu einer gepflegten Erscheinung gehört nicht nur die angemessene Kleidung. Selbst das teuerste Modellkleid reißt nicht viel raus, wenn Körper- oder Mundgeruch unangenehm sind. Dreckige Fingernägel oder strähnige Haare zerstören den Gesamteindruck gnadenlos. Da rettet auch der exquisite Designer-Anzug kaum noch etwas.

Format: 16 x 21,5 cm, 208 Seiten,
ISBN 978-3-89869-184-0,
16.80 EUR

Prof. Dr. Dr. h. c. Hans Kaminski,
PD Dr. Volker Brettschneider, Katrin Eggert,
Apl. Prof. Dr. Manfred Hübner, Michael Koch

Mehr Wirtschaft in die Schule
Herausforderung für den Unterricht

Welche Kenntnisse, Handlungsperspektiven, Wertvor-
stellungen brauchen junge Leute, damit sie kompetent,
mutig und zuversichtlich auch unter unsicheren Rahmen-
bedingungen ökonomische Verantwortung übernehmen
und zukunftsstrategisch planen können? Wie können
Schule und Unterricht unseren Jugendlichen so früh wie
möglich eigenverantwortliches Wirtschaften, einen angemessenen Umgang mit Geld, selbstständige Zukunfts-
planung und -vorsorge beibringen?

„Mehr Wirtschaft in die Schule" gibt Antwort auf diese
Fragen, untermauert sie mit einem aktuellen Überblick
über Wissenschaft und Forschung und gibt interessierten
Lehrkräften eine Fülle von konkreten Anregungen und
Materialien zur Gestaltung des wirtschaftskundlichen
Unterrichts.

Die Autoren
Prof. Dr. Dr. h. c. Hans Kaminski ist Universitätsprofessor
für Wirtschaftswissenschaften und Didaktik der ökonomi-
schen Bildung sowie wissenschaftlicher Leiter des
Instituts für Ökonomische Bildung (IÖB) an der Carl von
Ossietzky-Universität Oldenburg. Er promovierte zum
Thema Didaktik der Wirtschaftserziehung und ist seit
1980 an der Oldenburger Universität tätig. PD Dr. Volker
Brettschneider promovierte im Jahr 1996, habilitierte im
Jahr 2000 und ist seit Ende 2002 wissenschaftlicher
Angestellter an der Carl von Ossietzky-Universität Oldenburg im Bereich ökonomische Bildung. Apl. Prof. Dr.
Manfred Hübner ist Direktor des Instituts für Ökonomi-
sche Bildung und Technische Bildung (IÖTB) an der Carl
von Ossietzky-Universität Oldenburg. Im Jahr 1993 promovierte er zum Thema Umwelterziehung und der ökono-
mischen Bildung und 1997 habilitierte er zum Thema
„Beiträge zur Gegenstandsbeschreibung ökonomischer
Bildung". Katrin Eggert und Michael Koch M. A. sind seit
1998 wissenschaftliche Mitarbeiter im Institut für Ökonomische Bildung Oldenburg und haben in diesem Zusammenhang insbesondere an der Realisierung zahlreicher
Schulprojekte und E-Learning-Programme zur Aus-, Fort-
und Weiterbildung mitgewirkt.

Weitere Infos unter:
www.universum.de/mehrwirtschaft

Format: 16 x 21,5 cm, 144 Seiten,
ISBN 978-3-89869-188-8,
16.80 EUR

Frauke Hagemann

Starker Einstieg
Unterrichtsbausteine zur Berufsorientierung

Unsere Arbeits- und Lebenswelt verändert sich dramatisch. Die eine, richtige Berufswahl gibt es nicht mehr.
Jugendliche werden heute viel stärker selbst in die Verantwortung genommen für ihren Berufsstart, ihre soziale
Absicherung und ihre Altersvorsorge.

Lehrkräfte, die ihre Schülerinnen und Schüler auf den
Übergang in den Beruf vorbereiten wollen, finden in
dem Ratgeber kompetente Begleitung. Das Buch infor-
miert über aktuelle Trends in der Arbeitswelt und stellt
innovative und praxisnahe Unterrichtsmethoden vor. Wer
E-Learning in seinem Unterricht einsetzen möchte, findet
zahlreiche Projektideen, Praxisbeispiele und Checklisten
zur Unterrichtsvorbereitung.

Arbeitsblätter für die Praxis
Die sieben Unterrichtsbausteine behandeln die Themen
Berufs- und Lebensplanung, Arbeitswelt im Wandel,
Chancen und Risiken auf dem Arbeitsmarkt, Soziale
Sicherung, Tarifpolitik und Berufswahl. Jeder Baustein
bietet umfassende Hintergrundinformationen, vielfältige
methodisch-didaktische Hinweise und ca. 30 Arbeitsblätter pro Thema auf der beiliegenden CD-ROM – mit
schülerorientierten Texten, aktuellen Grafiken und struk-
turierenden, methodisch variablen Aufgaben.

Die Autorin
Frauke Hagemann ist Redakteurin im Universum Verlag
und ausgebildete Gymnasiallehrerin. Sie hat fünf Jahre
lang die Internetredaktion der DGB-Lernwelt zur Berufs-
orientierung „Workshop Zukunft" geleitet.

Weitere Infos unter:
www.universum.de/starkereinstieg

Format: 16 x 21,5 cm, 144 Seiten,
ISBN 978-3-89869-189-5,
19.80 EUR

Rosemarie Portmann

Brutal daneben
Ratgeber Gewaltprävention
für Schule und Jugendarbeit

Das Motto
Klein anfangen, aber groß denken – das ist das Motto des
Praxisratgebers Gewaltprävention. Er ist für alle gedacht,
die mit Jugendlichen zu tun haben – in der Schule, in
Jugendzentren oder Vereinen. Für alle, die mit wenig
Aufwand viel erreichen wollen. Was Sie brauchen, ist
ein ganzheitliches Konzept und einen langen Atem. Die
Autorin zeigt Ihnen, aus welchen Bausteinen ein erfolgrei-
ches Programm gegen Gewalt und Extremismus besteht
– Sie müssen nur tief Luft holen.

Der Inhalt
Ein bisschen Theorie muss sein, denn nur wer die Aus-
gangssituation differenziert genug einschätzt, kann auch
die richtigen Konsequenzen ziehen. Welche Formen von
Gewalt und Extremismus gibt es? Werden Jugendliche
tatsächlich gewalttätiger? Welche Gegenstrategien wurden bisher gefahren und welche von ihnen versprechen
Erfolg? Einfache Antworten gibt es in diesem Buch nicht.
Finden Sie Ihren eigenen Standpunkt!

Für den Praxisteil hat die Autorin aus ihrem reichen Erfah-
rungsschatz geschöpft und wertvolle Tipps für den Umgang mit Gewalt und Extremismus zusammengestellt.
Sie lernen Übungen kennen, mit denen Sie Sozialkompe-
tenz vermitteln und damit Gewalt vorbeugen können.
Sie bekommen Ratschläge für das Verhalten in Konflikt-
und Gefahrensituationen und können Ihre Lerngruppe motivieren, Zivilcourage zu zeigen. Und Sie erfahren, welche
pädagogischen Maßnahmen sinnvoll sind, wenn Sie mit
Gewalttäterinnen und -tätern zu tun haben. Konkrete
Übungen und Arbeitsblätter für den Einsatz in der Gruppe
vervollständigen die Kapitel.

Die Autorin
Rosemarie Portmann ist Diplom-Psychologin. Sie arbeitete
jahrelang im schulpsychologischen Dienst des Schulamtes
der Stadt Wiesbaden, ist in der Fortbildung für Sozial-
pädagoginnen und -pädagogen sowie Lehrerinnen und
Lehrern tätig und Autorin zahlreicher Publikationen zu
den Themen Demokratieerziehung und Gewaltprävention.

Weitere Infos unter:
www.universum.de/brutaldaneben

Format: 16 x 21,5 cm, 164 Seiten,
ISBN 978-3-89869-151-2,
16.80 EUR

Monika Jost

Hochbegabte erkennen und begleiten
Ein Ratgeber für Schule und Elternhaus

Unerkannt und unverstanden, unterschätzt und unterfor-
dert – so sieht der Schulalltag für viele Hochbegabte aus.
Die Folge: Aus besonders befähigten Kindern werden
schwierige Schülerinnen und Schüler.

Sind Hochbegabte zu klug für unsere Schulen? Was können Lehrerinnen und Lehrer tun, um Hochbegabte zu
erkennen und sinnvoll zu fördern? Wie können die Eltern
ihre hochbegabten Kinder begleiten und die Arbeit der
Schule unterstützen? Diese und andere Fragen beantwortet Monika Jost in ihrem praktischen Ratgeber. Mit
vielen Beispielen aus der schulischen Praxis und ihrer
eigenen Beratungstätigkeit zeigt sie, wie Hochbegabte
erfolgreich in den Unterricht einbezogen werden können.
Checklisten und Fragebögen geben Hilfestellungen für
alle, die über die Hochbegabung eines Kindes urteilen
sollen.

Die Autorin
Monika Jost unterrichtet und betreut als Lehrerin hochbe-
gabte Kinder und bildet Lehrerinnen und Lehrer zu diesem
Thema fort. Darüber hinaus ist sie die 1. Vorsitzende des
Regionalverbandes Rheinland Pfalz/Saarland der
Deutschen Gesellschaft für das hochbegabte Kind. In die-
ser Eigenschaft führt sie Beratungsgespräche durch und
moderiert Elterngesprächskreise und Arbeitskreise für
Lehrerinnen und Lehrer.

Weitere Infos unter:
www.universum.de/hochbegabt